Heinrich Preschers

Unglücklicher Zeitpunkt und gefährliche Absichten der Jesuiten in Portugal

Heinrich Preschers

Unglücklicher Zeitpunkt und gefährliche Absichten der Jesuiten in Portugal

ISBN/EAN: 9783743679467

Hergestellt in Europa, USA, Kanada, Australien, Japan

Cover: Foto ©Lupo / pixelio.de

Weitere Bücher finden Sie auf **www.hansebooks.com**

Unglücklicher Zeitpunct

und
gefährliche Absichten
der
Jesuiten in Portugall
in einem

Gespräch
im Reich der Todten

zwischen
dem berüchtigten Urheber und Rathgeber bey dem
Königs-Mord Joseph des Ersten Königs in Portugall

Gabriel Malagrida
einem Jesuiten
und

Robert Charnock
einem Englischen Edelmann
der König Wilhelm den Dritten aus dem Weg
raumen wollte

Alles aus ächten und meist Portugiesischen Quellen geschöpfet und damit
die berüchtigte Königs-Mörder-Historie beschlossen

Auf allgemeine Kosten gedruckt 1760

Malagrida. Schwarze Geister genug für mich in dieser Gegend, die ihren Jammer beklagen, und ihre Thaten verfluchen! doch kommt noch keiner von denen mir unter das Gesichte, welche die Lehre, einen Tyrannen ohngescheut zu ermorden, aus einer tiefen und erhabenen Moral, ehehin so stark verfochten! Ich weiß, daß sie alle meine Ordens-Brüder gewesen, und daß kein anderer Theologe, als Jesuiten, diese Lehre getrieben, und ich habe die Alten in ihren Schrifften als meine Vätter geehret, die neuern aber als meine Mitarbeiter geliebet. Ich war selbst ein Verfechter ihrer Meinungen, ich habe sie meinen Schoos-Kindern, meinen geliebten Schaafen, dem Herzogen von Aveiro, dem Marquis Tavora 2c. getreulich beygebracht, und meine Amts-Brüder, Johann de Matos, und Johann Alexander, wir hatten erst das Lebhafte und Geistige dieser Moral in ihr unumschränktes Vermögen gesetzet. Doch sehe ich von ihnen allen keinen einigen, daß ich ihn als den Verführer meiner Seele, und den Urheber dieses Lehrgebäudes des Beelzebubs hier zum Geständniß und Beschämung ihrer Bosheit bringen könnte. Mariana! Salmeron! Scribanius! Lesius! Vasquez! Becanus! Suarez! Lorinus! Keller! Santarell Tanner! Tirinus! Hereau! Escobar! Pirot! Stubron! Juveney! Busembaum! Sanchez! und Zacharia! Ihr zwanzig grosse Helden! die ihr die Thronen der Könige erschüttern konntet, die ihr den Tyrannen der Völker den Lohn ihrer Thaten bestimmet, und einen jeden, der

A 2 sich

ſich mit Muth gegen ihr Leben gerüſtet, und mit einem brennenden Durſt ſeine Hände in dem Blut der Könige waſchen wollte, den Dolch, den Gifft in die Hand gegeben! Hat euer Lehrgebäude denn blos die Hölle zum Grund gehabt, daß ihr mit ſolchem Eifer wider die Regenten geſchrieben, die unſerer Geſellſchafft hinderlich geweſen. Hier iſt von euch noch keiner mir erſchienen, den ich ſprechen könnte, da ihr doch alle in dieſe Gegend gelangen ſolltet, wo ich als ein Königs-Mörder meine ewigen Klagen ausſchütten, und mich von den Gewiſſens-Biſſen ohne Ende erbärmlich quälen laſſen muß.

Charnock. Lauter Namen höchſtverdienter Leute, die als Lichter in der Kirche geſtanden, und unter deren Anführung ich noch zehen Prinzen von Oranien, wenn ſie Könige in Gros-Brittannien geweſen wären, mit Luſt würde aus dem Weg geräumet haben! Iſt es nicht eine Thorheit, daß ein ſo ehrwürdiger Mann, wie ihr, mein Freund, geweſen zu ſeyn ſcheinet, ſeine Lehren jezo anklaget, da er vorhin ihre Schrifften hätte beſſer prüfen ſollen? Ich kann mir ſchon vorſtellen, daß ich bey euch eine ſchlechte Linderung bey meinen Gewiſſens-Plagen, die ich nun ſeit 64. Jahren ohnunterbrochen fühle, und eine Ewigkeit vor mir weiß, in welcher ich ſie empfinden werde, antreffen mögte, ohnerachtet mich der Geiſt des P. Garnets an euch verwieſen. Er wieß mich an eure Gottesfurcht, an eure verklärte tiefe Vernunft, da er mir, als ich Troſt bey ihm ſuchte, ſeine noch fortdaurende Verwirrung ſeiner ſchwärmenden Phantaſie zur Entſchuldigung angeführet, daß er mir nicht einmal die Schwere ſeines Verbrechens erzehlen, und noch weniger die Gründe anführen konnte, warum er ein Held für das Beſte der Kirche werden wollte.

Malagrida. So iſt er denn da, der unglückſeelige Träumer, der durch ſeine ſchwarze That die Pforten der Höllen, das Parlaments-Haus zu Londen, durch angelegtes Pulver auf einmal ſprengen wollte? Und er will nicht hervor treten, daß er einen von ſeiner Nachkommenſchafft ſpreche, der allezeit Mitleiden mit ihm getragen, daß er in ſein tiefes Unglück verfallen?

Charnock.

Charnock. Seyd ihr doch hier schon so entrüstet über die gelehrten Männer, die Chubs Geist in ihren Federn geführet; wie würde der arme P. Garnet bey euch bestehen können, da er beständig auf euch und eure Mitgehülffen fluchet, daß ihr nach 100. Jahren der Gesellschafft diejenige Schande zuziehet, an deren Aussenbleiben euer ganzer Orden billig hätte arbeiten sollen. Er liegt in den Ketten des Lucifers gebunden, damit er nur nicht selbst wieder eine Aufruhr in diesen Gegenden mache, und es scheinet, daß es die Ordnung des Schicksals so mit sich bringt, daß man diejenigen Jesuiten, welchen der hiesige Aufenthalt bestimmet ist, nicht zueinander lässet, damit durch ihre Unterredungen der Himmel nicht noch mehr gelästert werde, wann sie diejenigen Sätze gegeneinander behaupten, durch welche auch kaum der Satan wider das menschliche Geschlecht anzugehen sich getrauet.

Malagrida. Meine Mitbrüder haben ihre Lehren aus den bewährtesten Stellen der Heil. Schrifft, des Natur- und Völker-Rechts gezogen, und es liegt nur an dem Vorurtheil, worinn die jetzige Welt noch stehet, daß ihre Sätze nicht in Uebung gebracht werden können, daß die geistliche Macht nemlich der weltlichen, es möge diese letztere auch noch so viel Unheil anrichten, als sie immer wolle, gar nicht die Hände binden dürfe; da doch es ganz gewiß ist, daß, wenn die geistliche sich ihrer Absicht widersetzet, sie auch ganze Reiche verändern, und vermög der höchsten geistlichen Herrschaft dem einen nehmen, und dem andern geben kann, wenn es zum Heil der Seelen erfordert würde.

Charnock. Ihr sehet aber jetzt, mein Freund! wie weit ihr euch mit solcher Lehre von der Wahrheit entfernet, und eure Sätze, die ihr sonsten vertheidiget habt, führen entweder auf die stärkste Atheisterey, oder sie machen die Bosheit der Menschen vollkommener, allem Gesetze zu widersprechen. Könnte man sich wohl bereden, daß es Geistliche geben sollte, welche es aus der Heil. Schrifft zu erweisen sich erkühnen, daß es erlaubt sey, einen König, wann er sich den Absichten der herrschenden Geistlichkeit widersetzet, als einen Vogelfreyen Menschen aus dem Wege zu räumen.

Malagrida.

Malagrida. Freylich sehe ich nun die verdammliche Lehre ein, die ich selbst in meinem Leben verfochten. Aber daraus kann man doch erkennen, wie der Witz des Menschen alles, was auch der Vernunft selbst gerade entgegen gehet, mit einem Göttlichen Ansehen zu bestärken weiß, um ungeübte Sinnen dadurch auf die Ausführung auch der abscheulichsten Absichten zu bringen. Unsere ganze Gesellschafft hat den Satz angenommen, daß der Pabst Macht habe, über die ganze Christenheit, und über die weltlichen Fürsten zu herrschen, auch in so weit ihnen Befehle aufzulegen, daß sie ihr eigenes Vermögen, und die Kräffte ihres Reichs zum Heil der Seelen, zur Ausbreitung des Evangelii und des Reichs Christi anwenden sollen.

Charnock. Dies liesse sich noch hören, weil der Pabst als ein Statthalter Christi allen Amtleuten seines Reichs dieses auferlegen könnte; nur kommt es darauf an, ob der Statthalter andere Mittel gebrauchen darf, als wozu ihn sein Oberhaupt angewiesen, oder selbst gebraucht hat. Und wenn dieses nicht wohl seyn kann, so ist die Vermehrung des Reichs Christi ja nicht eigentlich das Werk weltlicher Fürsten, sondern das Amt der Kirche, welche von jenen nichts anders fordern kann, als daß sie sich nur nicht ihren Verordnungen nach dem Evangelio widersetze.

Malagrida. Wann nun aber die Könige und Fürsten den Befehlen des Oberhaupts der Kirche widerstreben, wenn sie ihren Arm nicht zum Dienst der Kirche erheben wollen, wann sie selbst etwas unternehmen, so der Absicht des Pabsts, in Erweiterung und Vergrösserung der Kirche, zuwider ist: so kann er ihnen das Reich nehmen, ihr Land einem andern geben, und die Unterthanen von dem schuldigen Gehorsam und Eid der Treue lossprechen, und es findet bey ihm das Wort statt, welches der Herr, dessen Stelle der Pabst auf Erden vertritt, ehemals zu dem Propheten Jeremia sagte: Siehe! ich lege meine Worte in deinen Mund; siehe! ich setze dich heutiges Tages über Völker und Königreiche, daß du ausreissen, zerbrechen, verstöhren und verderben sollst, und bauen und pflanzen.

Charnock.

Charnock. Und der Sinn dieser Worte gehet auf die weltlichen Reiche, da GOtt die Propheten blos zur Errichtung seines Dienstes auf Erden verordnet hat, und alle diese Handlungen, zu welchen GOtt einen Propheten bevollmächtiget, zu dem geistlichen Bau gehören, der nicht mit Händen gemacht werden kann.

Malagrida. So war der König Joas ehemals eingesetzt, und im Tempel gekrönet, und zwar von Jojada, dem Priester, welcher befahl, daß man die Athalia wegjagen und tödten sollte; woraus unsere Gesellschafft den Schluß machet, daß der Pabst in den Sachen der Monarchen Richter seye. Alles dieses aber, was die Hohenpriester im Schatten des Alten Testaments thun konnten, das müssen sie im Licht des Neuen Testaments noch vielmehr thun können, wo Christus versichert, daß sie Macht haben, über die Leiber und Güter der Weltlichen, die dem Geiste unterworfen sind.

Charnock. Wenn es also gilt: so regieren die Könige nicht mehr durch GOttes, sondern des Pabsts Gnaden. GOtt war in der weltlichen Verfassung der Juden ihr König selbsten, und die Könige, die bey ihnen regierten, konnten seine Amtleute in eigentlichem Verstand genennet werden. Wenn diese Könige Ihme zuwider thaten, und seinen Dienst und die Reinigkeit der Religion unter die Füsse traten, oder durch Abgötterey und Laster befleckten: so waren die Propheten und die Hohenpriester nichts andersters als Bothen und Werkzeuge der Befehle des allerhöchsten Königs; sie hatten aber weder das Recht, über die Fehler und Laster der Könige zu erkennen, noch durfften sie aus eigener Macht von Absetzung oder Strafe reden, noch weniger solche vollziehen, wann nicht unmittelbar das Wort des HErrn über sie gekommen war; am allerwenigsten durfften sie in die Rechte der Könige und ihre Administration etwas einreden; sondern von diesem waren sie so weit entfernet, daß auch die Befehle zur Absetzung und Stürzung vom Thron nicht allezeit durch die Priester, sondern auch durch Heyden, durch andere Könige, auch wohl durch Privat-Leute vollzogen werden mußten. Wie können sich die Päbste demnach an die Stelle der Hohenpriester

des

des Alten Testaments setzen, und so gar die Theocratie in dem Jüdischen Volk auf sich ausdehnen, ausser, daß sie hierinnen gegen GOtt selbsten Monarchomachi seyn wollten; Dergleichen abgeschmackte Sätze sollte man bey den erleuchteten Zeiten der jetzigen Welt nicht einmal suchen. Und, wenn es wahr ist, wie es niemand in Zweifel ziehen kann, daß das weltliche Reich der Juden aufgehoben ist, daß Christliche Könige und Fürsten nicht in die Stelle der Jüdischen bey einerley Volk getreten sind: wie könnte sich wohl die Christliche Kirche, die von der weltlichen Macht ganz und gar, und schlechterdings abgesondert ist, oder in ihrem Namen der Pabst sich so viel anmassen, daß er, wenn sie der Kirche nicht in dem äusserlichen Gehorsam leisten, ihnen die Strafe, die ihnen GOtt alleine zuwenden muste, selbst durch ein eigenmächtiges Urtheil beschliessen sollte.

 Malagrida. In dem Befehl Christi an Petrum, die Heerde zu weiden, ist auch die Macht enthalten, daß er die Wölfe abwehren, und sie tödten könne, wenn sie den Schaafen Schaden zufügen. Und eben so kann auch der Hirt den Bock von der Heerde wegthun, wenn er räudig ist, oder die Heerde mit seinen Hörnern stöffet.

 Charnock. Ein schöner Beweis, daß ein Fürst, wenn er dem Pabst nicht zu Gefallen handelt, dessen Willkühr unterworfen seye. Aber! wie kommt denn das Recht, das dem Pabst so zugeschrieben wird, auf die Jesuiten, daß diese gleichsam in ihrem Departement diese Regul des Pabsts ausüben dörfen?.

 Malagrida. Dies ist eben der unterscheidende Character unsers Ordens, die Päbstliche Authorität zu unterstützen, und mit kurzer Hand die Uebel so gut auszurotten, als die äusserliche Vortheile der Kirche täglich zu vermehren, und zu vergrössern. Was unsere Gesellschafft hierinn thut, hat allemal die Vermuthung vor sich, daß das Beste der Kirche die vornehmste Absicht seye. Es kommt nur darauf an, daß derjenige, der sich einem solchen König oder Fürsten widersetzet, eine öffentliche Gewalt hiezu erhalte, und von denenjenigen bevollmächtiget seye, welche die Erkenntniß hinlänglich genommen, daß dieser oder jener Fürst ein Tyrann seye, welchen man um des gemeinen Bestens willen wegzuschaffen habe. Aus diesem Grund sehen auch die Casuisten bey den Jesuiten den Königs-Mord nach vorwaltenden Umständen als ein kleiners Uebel an, um das grössere, einen Krieg, zu vermeiden. Der Jesuit Zacharia druckt sich ungemein lebhaft aus, wenn er aus eben diesem Grund saget: daß man einen Vatter, Abt und einen Fürsten tödten könne, wenn einer derselben ohne Ursache angreifet, und dem andern das Leben oder sein Recht nehmen will, und kein anders Mittel übrig bleibet, ihren Nachstellungen zu entgehen. Der Jesuite Keller hat es sehr deutlich gegeben, was er darunter verstehe, da er in seinem Buch: G. G. Theologi ad Ludovic. XIII. Galliæ & Navarræ Regem admonitio unter andern geschrieben: Weil der Römische Pabst die Aufführung siehet, die man in Frankreich beobachtet, daß sie nur darauf abziele, um die Religion in ganz Europa zu zerrütten; so ist er genöthiget, alle mögliche Mittel anzuwenden, um das grosse Uebel zu verhindern, und er wird es gewiß thun; er wird Bewafnete schicken, und beyde Schwerdter, das geistliche für sich, das weltliche aber durch einen andern brauchen.

Charnock. Wenn Ihr, mein Freund! es nicht saget, wie weit es die Verblendung bey eurer Gesellschafft gebracht habe; so sollte man nicht denken, daß vernünftige Leute dergleichen Sätze hätten annehmen können. Jedoch die Erfahrung hat es genug bestättiget, und ich kann mir leicht vorstellen, daß aus diesen verderbten Quellen diejenige gottlose Sätze müssen erkläret werden, die nach eurem Tod einer eurer Mitbrüder zu Amiens in Frankreich hervor gebracht, wo unter andern dieser einer der verruchtesten ist: Das Vatterland gehet über alle Gesetze. Das schändlichste Verbrechen bey einem Bürger wird zur Tugend. Seinen eigenen Vatter um das Leben zu bringen, ist gewiß ein entsetzliches Verbrechen, allein, woferne es das Wohl des Vatterlands erfordert, so ist es eine herrliche That, und alsdann ist das Vatterland der Liebe zu den Eltern vorzuziehen. Durch solche Gründe kann ein ausschweifender und verrückter Kopf leicht bezaubert, und ihm ein ab-

B   scheulicher

scheulicher Mord oder unglückliche Vergifftung angerathen werden, so daß er zu Gefallen einer solchen Rotte von bösen Räthen und Angebern seinen Leib einer unendlichen Menge von Martern, und seine Seele alten bösen Geistern übergiebet. Und nunmehr glaube ich gerne, daß ein Balthasar Gerard mit Wut und Eifer den Prinzen von Oranien angefallen und ermordet habe, da ihm ein Jesuite versichert, daß, wenn er dem Tod nicht entfliehen könnte, er doch seelig sterben, und von den Engeln an den nächsten Ort bey der heiligen Jungfrauen Maria und JEsu Christo getragen werden würde.

Malagrida. Gleichwohl sind auch einige Jesuiten selbst von dieser Lehre so eingenommen gewesen, daß sie auch die vermeynte Wahrheit mit dem Tod besiegelt haben würden. Der P. Suarez glaubte von seinem Buch, das den 26. Jun. 1614. durch eine Parlaments-Verordnung öffentlich verbrannt worden, daß es als sein Testament anzusehen wäre, durch welches er der Gesellschafft einen heimlichen Schatz verehret habe; er brach so gar in den Seufzer aus: O wollte GOtt, daß ich eben das Schicksal meines Buchs erfahren, und selbst zur Ehre dieser Lehre, die ich behauptet habe, verbrannt werden könnte. Noch nicht genug. Der Pater Juvency hatte noch die Verwegenheit, von eben diesem Buch das Urtheil zu fällen: daß man sich nicht genug vorstellen könne, was für Witz, Gelehrsamkeit, Glaube und Bescheidenheit in diesem Buch seye. Und wenn man solches dem Suarez als ein Verbrechen anrechnet, man die Kirche selbst anklage, und diejenigen, welche es getadelt, und zum Feuer verdammt haben, selbst Ketzer gewesen wären.

Charnock. Man erstaunet billig darüber, daß die Verblendung so weit über solche gelehrte Männer die Oberhand gewonnen, und mancher von dem Schwarm völlig eingenommen worden. Ich erinnere mich, gelesen zu haben, daß 1583. der Jesuite Jacob Commelet zu Paris noch vor der Zeit, als ein Soldate, Peter Bareira, wider den König Heinrich den Vierten seinen mörderischen Anschlag ausführen wollte, frey als ein Prophete davon auf der Canzel geredet, und unter einer

einer Allegorie aus der Geschichte Ehuds, des Richters in Israel, welcher Eglon, den König der Moabiter, umgebracht, in diese Worte ausgebrochen seye: Auch wir hätten einen Ehud nöthig, er möchte ein Mönch oder Soldate seyn. Dies einige ist noch bey allen diesen Scribenten, daß sie einer Privat-Person es nicht erlauben, einen Tyrannen, oder einen König, der diesen Namen gleich erhalten kann, wenn er sich nicht der sogenannten Kirche zu Gefallen füget, zu tödten; es wäre dann, daß sie ihme die Macht, das Recht, und die Erlaubniß hierzu ertheilen.

Malagrida. Meine ehemaligen Meynungen haben mich nun freylich betrogen, aber, so lange die Jesuiten in der Welt seyn werden, läßt ihre Philosophie nicht nach, wo nicht öffentlich, doch in der Stille diese Sätze einzuführen. Diese sind das Schwerdt, welches ihre Rechte stützet, so, daß auch der Pabst ihnen das Hefft nicht aus den Händen winden kann. Sein Stuhl hat allzu viel Vortheil durch sie erhalten, und ich darf wohl sagen, sie haben denselben, da er im 16. Seculo zu wanken schien, noch mit einem neuen Pfeiler unterstützet, so, daß er mit dem Jesuiter-Orden eine unzertrennliche Verknüpfung hat, und, wenn dieser Noch leiden sollte, die Mauern des Römischen Jerusalems wohl gar eine Erschütterung empfinden mögten, von welcher die Pfosten erbeben müßten. Ich darf nicht mehr von Ungerechtigkeit sagen, die König Joseph in Portugall an diesem Orden ausgeübet hätte; denn mein Gewissen ist allzu sehr von der Erkenntniß meiner Missethaten durchdrungen. Aber dies darf ich eine Unbilligkeit nennen, daß, da die Dienste dieser Ordensleute der Crone Portugall allzeit so ersprießlich gewesen, und dieses Reich zu seiner Grösse und Macht erst durch sie gelanget, dieser Orden auf einmal aus diesem Reich verbannet werden solle. Eine unumschränkte Herrschafft, die man endlich bis auf die Kirche ausgedehnet, und diese unter das Joch bringen wollte, hat zwar die Jesuiten aufgebracht. je mehr sie sahen, daß es an ihr Gut und Leben bald noch gehen sollte; sie haben aber gleichwohl auch so viel auf ihrer Rechnung gegen den Hof zu gute, daß dieser nicht mit ihnen, als Knechten und Schlacht-Opfern hätte verfahren sollen; Und was etwa etliche zu Schulden kommen lassen, wäre einer unpartheyischen Untersuchung werth gewesen, als daß man den ganzen Orden mit Strumpf und Stiel nunmehro ausrotten will.

 Charnock. Derjenige müßte ein Lästerer und Lügner seyn, der den grossen und nützlichen Thaten widersprechen wollte, so die Jesuiten in den beeden Indien ausgerichtet haben, und die noch ihr Werk in diesen Ländern sind. Sie haben den Christlichen Glauben mit unbeschreiblicher Mühe, und oft mit Verlust ihres Lebens unter Millionen abgöttischer, wilder, und viehischer Menschen gepflanzet und ausgebreitet. Das mittägige America, sonderlich die grossen Provinzen Tucumam, Guairo, Maragnan, Parana, Uraguay, Paraguay oder Plata, stehet nun unter der Fahne der Christlichen Religion, und Millionen Menschen sind dadurch so glückseelig geworden. Die PP. Alphonso Rodriquez, Joh. del Castiglio, Rocco Gonzalez, und Pet. Romer, welche die ersten Missionairs in dem grossen Paraguay gewesen sind, waren tapfere Streiter und Märtyrer für die Religion. Allein dieser Ruhm kann nicht dazu dienen, daß man die Aufführung ihrer einzelnen Missionarien in Paraguay dadurch rechtfertigen könne, als welche die Schranken ihres Apostolischen Amts sehr überschritten, da sie den natürlichen Widerwillen der Americaner gegen die Spanische und Portugiesische Nation vermehrten, und die Empörung in Paraguay gegen beyde Cronen unterhielten. Wenn die Obern und Vorgesetzten der Gesellschafft auf die an sie gebrachten Beschwerden dieser Höfe, die Schuldigen zurück berufen, und ernstlich bestrafet hätten: so würde der Hof zu Lisabon nicht so sehr wider den Orden aufgebracht worden seyn, und sie würden nicht so viel Noth ausgestanden haben; aber über die armen neubekehrten Christen würde auch nicht so viel Unglück gekommen seyn. Wie nun aber die Vergehungen einzelner, wann sie, wie es hier geschehen, zu Verbrechen ausschlagen, unter denen ein ganzes Königreich leidet, eine desto schärfere Untersuchung erfordern; also kann sichs ereignen, daß das Verbrechen aus einem Grund herrühret, der sich in die

allgemeine

allgemeine Geſellſchafft ausbreitet; daß es bey den Obern eine Wurtzel gefaſſet, und ſo lang das Uebel bey dieſen nicht beſchnitten wird, ſo lange muß bey den andern Gliedern das Schuldige mit dem Unſchuldigen leiden. Die Vermuthung iſt ſehr ſtark, daß die Glieder einer ſolchen Geſellſchafft eben ſo angeſteckt ſind, als das Haupt derſelben an einer Verderbniß leidet, und, wenn auch kein verderbter Wille und keine Bosheit bey einigen iſt, ſo iſt doch der Verſtand mit ſolchen Irrthümern angefüllet, und von ſolchen Sätzen eingenommen, bey denen die Redlichkeit oft ſelbſten ein Laſter wider Willen begehet, weil er ſolches als eine Tugend angeſehen. Eben auf dieſe Weiſe hat ſichs gewieſen, daß das innere Weſen des Syſtems der Jeſuiten in Portugall ſehr verderbt geweſen, daß eine durchgängige Seuche unter den Ordens-Brüdern ſey, von welchen einer wie der andere mit hingeriſſen wird, es möge ſein Hertz noch ſo geſund geweſen ſeyn; der erſte Unterricht in ihren Schulen, die Lehrart, die Lehre ſelbſt, die Practique, welche von den Obern geführet wird, und zu welcher ſich die Untern bequemen müſſen, alles dieſes hat ſich in höchſtem Grad verdorben gefunden. Sagt mir, mein Pater! wer ein ſchädliches Waſſer abgraben will; gehet derſelbe nicht vielmehr auf die Quelle ſelbſten, um ſolche zu ſtopfen? Und ſollte wohl ein Orden, der ſo auſſerordentliche Verbrechen zu Schulden kommen laſſen, welche ihren Grund in der unrechten Auferziehung, und der Lehre ſelbſten haben, ſich mit Recht beſchweren, wenn er in einem Lande gäntzlich aufgehoben wird?

Malagrida. Ihr ſeyd einer der feinſten, und eure Anfangs-Gründe in der Jugend werden eben ſo auſſerordentlich geweſen ſeyn, als eure That, die euch hieher geführet, an ſich iſt. Von den Jeſuiten habt ihr ſie nicht erlernet, daß ihr ein ſolches Ungeheuer der Welt habt werden können. Und alſo werdet ihr auch nicht den Orden beſchuldigen können, daß bey ihme die Jugend verdorben werde, da ja ehehin Portugall alle ſeine beſte Leute aus ſeiner Zucht und Unterweiſung hergenommen, und dermalen kein einiger am Hofe zu Liſabon iſt, der nicht ſeine Erziehung den Jeſuiten zu verdanken hätte.

Charnock.

Charnock. Wahr ist es, mein Freund! daß ich nicht in die Schule der Jesuiten gegangen; aber, daß mich ein heimlicher Catholicke, der zu St. Omer in dem dortigen Collegio derselben gestanden, als seinen Lehrling auferzogen. Ihr werdet doch den P. Mariana gelesen haben, der ein ganzes Buch de morbis societatis Jesu geschrieben, und dort glaube ich, werdet ihr die verderbten Quellen entdeckt haben, aus denen so viele trübe Bäche bishero abgeflossen, welche so viel junge Bäume des Landes befeuchtet, daß sie mitten im Kern abstehen müssen. Er führet die Verderbnisse in der Reihe an, welche die Schulen, worinnen junge Leute zum Dienst der Welt und dem wahren Besten des Vatterlands sollten auferzogen werden, in einen wilden Garten verwandeln, wo der Dornenstrauch und das Unkraut neben den Lilien aufwächset. Unordnung, schädliche und unnütze Streitigkeiten, ausschweifende Meynungen, und eine verderbliche Lehrart machen hiebey das mehreste aus. Ist die Jugend in etwas erwachsen, so bringt man ihr die Lehre des schädlichen Probabilismi bey, der nicht nur der Schrifft und der Kirche, sondern auch der Vernunft zuwider ist, und von deme unzählich andere böse Folgen natürlicher Weise herrühren. Um nun ihre Schüler in diesem Schatten des Todes zu erhalten, so untersagen sie ihren Lehrlingen das Forschen der Heil. Schrifft, sie machen ihnen einen Abscheu vor den Werken des Heil. Augustinus und andern Lehrern der Kirche, indem sie behaupten, daß dieses das rechte Studium der Ketzer sey, und zu nichts diene, als daß man daraus die Gewissens-Fragen entscheiden könnte. Sie nehmen ihnen alle gute Bücher aus den Händen, loben die schlechten, und nöthigen sie, blos diejenigen zu lesen, die ein Jesuite geschrieben hat. Sie machen das zu einem guten und verdienstlichen Werk von ihrem Orden, daß sie Schüler in den Collegien aufziehen, und in den Wissenschaften und in der Gottesfurcht dieselbe zu unterrichten vorgeben. Wenn man aber die Augen ein wenig aufthut, so siehet man deutlich, daß ihre Collegien zu diesem vornehmlich dienen, daß sie die reichsten, vornehmsten und witzigsten Jünglinge in diesen Netzen fangen, die sie nach der Kunst zu regieren wissen. Es ist auch seit deme, als man in Portugall

tugall den Schaden eingesehen, den die Jesuiter-Schulen gebracht, von dem König der ausdrückliche Befehl ergangen, alle ihre Collegien und Schulen zu verschliessen, und ihre Seminarien, Missionen und Congregationen völlig aufzuheben.

Malagrida. Ihr redet nur andern nach, mein Freund! und habt davon keine Erfahrung, und es muß erst bewiesen werden, ob die Jesuiten in Portugall eine andere Verfassung in ihren Schulen eingeführet haben, als diejenige ist, die ihre Ordens-Brüder in andern Theilen von Europa mit so allgemeinem Beyfall und so glücklich bishero angewendet haben.

Charnock. So genau, als das Ministerium zu Lisabon die Vergehungen der Jesuiten überhaupts durchforschet; so wenig konnte ich demselben auch der Fehler verbergen, der bisher so viel andere neue gebohren, und zugleich von undenklichen Jahren her sich im Ansehen erhalten. Man darf aber das Königliche Edict durchgehen, durch welches die niedern Schulen der Jesuiten abgeschafft, ihre Lehrart verboten, und dagegen eine neue vorgeschrieben wird; so kann man den vollständigsten Beweiß davon antreffen, wie sich die List und Spitzfindigkeit bemühet haben, so gar mitten unter den Bemühungen der Gelehrsamkeit, die rechte eigentliche Hindernisse anzuführen, daß die Schüler nimmermehr zur Richtigkeit und Wahrheit, oder auch gewissen Gründen einer Wissenschafft, sondern bloß zu Zänkereyen und Critiquen, oder aus einer blinden Nachahmung verleitet worden.

Malagrida. Wohlan! das heißt jetzt in Portugall wohl recht, das Kind mit dem Bade ausschütten, und ja keine Fußstapfen mehr übrig lassen, in welche ehemals ein eifriger Jesuite getreten.

Charnock. Der König sagt in seinem Edict, daß die Lehrart der Jesuiten, und ihre Hartnäckigkeit, mit welcher sie solche gegen alle Erinnerungen gelehrter Männer behauptet, die Studien in einen solchen Zerfall gesetzet, damit sie diese Lehrer durch die Unwissenheit ihrer Lehrlinge, diese sich zu einem blinden Gehorsam unterwürfig machen können. Wenn aber auch ihre Lehrart anderst beschaffen wäre, so könnte doch

doch die Erziehung der jungen Leute ihnen nicht mehr anvertrauet werden, da der Hof unlaugbare, gewisse und unumstößliche Proben erhalten, daß die Lehre, so die Obern der Jesuiten ihren Schülern in den Classen und Schulen eingeflösset, unglücklicher Weise nicht nur zum Untergang der Künste und Wissenschafften, sondern auch des Reichs und der Religion abziele.

  Malagrida. Es dürfte aber doch wohl ein jeder Jesuite bey solchen Beschuldigungen darauf trotzen, daß die Grammatick und Rhetorick ihrer Lehrer wohl nicht dieses zuwege bringe, und auffer diesen Künsten die Jesuiten wohl nicht andere Lehrlinge haben, als welche bloß die Theologie und Philosophie bey ihnen hören wollen.

  Charnock. Auch bey der Grammatick und Rhetorick kann sich vieles einschleichen, welches einem jungen Menschen eingepräget, und er auf verführerische Sätze gebracht wird. Die Rhetorick weiset, wie man der Gedanken ihre rechte Abtheilung und Schönheit erkennen kann, und giebt hierzu Mittel an die Hand, wie man die Gemüther der Menschen überreden, und ihren Willen nach Gefallen auf etwas lenken kann. Welcher Mißbrauch kann sich hiebey einfinden? Und wie viele Themata werden von den Jesuiter-Schülern so ausgearbeitet, daß ein Galimathias von figürlichen und verblümten Redensarten daraus entstehen muß. Von der Philosophie, welche doch die allermehrste bey ihnen erlernen, will ich gar nichts gedenken; auffer den Grillenfängereyen der Metaphysic, welche den Verstand verwirren, und am deutlichsten die Undeutlichkeit einführen; auffer der Natur-Lehre, die noch mit vielem läppischem Gezeug angefüllet ist, um dem Aberglauben und den eingebildeten Wunderwerken den Lauf zu lassen, ist die Moral das vornehmste, in welcher aus einer falschen practischen allgemeinen Philosophie solche irrige Grundsätze eingeführet werden, daß es ohnmöglich ist, anderst zu gedenken, und sein Herz und die Handlungen des Willens anderst einzurichten, als der Lehrer zum Zweck hat, daß sich dieselben nach der allgemeinen Bewegung, welche die Jesuiten eingeführet wissen, und dadurch die Welt regieren wollen, gleichförmig einrichten müssen.

                     Malagrida.

Malagrida. So ist denn abermal eine der grösten Stützen meiner ehemaligen Ordens-Gesellschafft weggefallen, wenn man ihnen die Unterweisung der Jugend entzogen hat.

Charnock. Es ist eben so, als wenn man des Künstlers Händen das Wachs entziehet, aus dem seine Phantasie eine schöne Figur nach seiner Absicht bilden will. Nur diejenigen, welche bey den Jesuiten das Leben zusetzen, und ihren Diensten ihre Kräfte wiedmen wollen, dörfen hinter den Vorhang in das Heiligthum gehen, wo sie eine kürzere Lehrart, und dabey den practischen Weg erlangen und betreten können. Bis sie eine Fertigkeit darinn erlangen, so werden sie einsweilen noch als Lehrer der Grammatick und der Rhetorick gebraucht, wo sie als Lehrlinge der innern Geheimnisse desto besser unter dem Titel der Meister und Lehrer die Vorsicht an ihren zarten und jungen Lämmern machen können. O! mancher Staat würde vielleicht getreuere Unterthanen, bessere Diener und Räthe, auch mehrere wahre Christen zählen können, wenn die Unterweisung der Jugend, die Anleitung der Erwachsenen, und die würkliche Anführung zum Dienst der Kirche und des Staats geschicktern und aufrichtigern Männern anvertrauet wäre: Um so mehrers ist eine fürsichtige Wahl der Lehrer, und eine ausgezeichnete Fürschrifft der zum Grund liegenden Schrifften und Bücher nothwendig. Wenn die Jesuiten von Natur ungeschickte Lehrer wären; so würde nur eine Barbarey zu befürchten seyn; da sie die Männer vom feinsten Witz und einer wundernswürdigen Schmeicheley hiezu anwenden, so muß der Verderb desto grösser werden, je mehr sie alle ihre Kräften auf diese Absicht verwenden. Nunmehro hat Portugall einen Director allen Studien in der Person des vornehmsten Kirchen-Raths zu Lisabon, Thomas von Almeida; es sind besondere Professores der lateinischen, griechischen und hebräischen Sprache, ingleichen der Redekunst angesetzt, und jedem sind besondere Instructiones vorgeschrieben; es sind zugleich angewiesen, welche Bücher sie hiebey zum Grunde legen sollen, und es wird ihnen ausdrücklich anbefohlen, auch die Schrifften eines Cellarius, Schurzfleisch, Heineccius, Walchs und Schrevelius einzuführen.

Malagrida. Und auch die Todfeinde unserer Schul-Lehrer, die Bücher der Protestanten sollen eingeführet werden? Wie viele Sätze der uncatholischen Lehre flössen sich mit dem Auswendiglernen in die zarten Gemüther ein, und die Protestanten bedienen sich in ihren Grammaticken und Rhetoricken mehrentheils der Sätze aus der Moral, die noch lange nicht so fein ausgearbeitet ist, als die unsrige. Aber! so verfällt man gerne von einem Extremo aufs andere, und noch überdiß in einem Reich, wo die Inquisition zumal auf die Bücher für die Jugend das Auge richtet.

Charnock. Da siehet man wieder die eingebildete Unfehlbarkeit eines Jesuiten. Die Moral der Protestanten hat würklich gesündere Grundsätze, als der Jesuiten ihre, denn diese haben wieder andere und ganz verschiedene Begriffe, als andere vernünftige Catholicken haben. Und was kann der Protestante in seiner Rhetorick, wenn er eine allgemeine Einleitung schreibet, anstößiges schreiben, daß er einen Irrthum in der Religion darinn einprägte. Die Grammatik des Jesuiten Emanuel Alvarez ist nunmehro verboten, als welche bishero das meiste dazu beygetragen hat, die Erlernung der lateinischen Sprache so schwer zu machen. In der Rhetorik aber werden die Institutiones des Quinctilians, wie sie der berühmte Rollin zum Gebrauch der Schulen eingerichtet, gebrauchet werden. Ueberhaupt ist die ganze Einrichtung des Schulwesens unvergleichlich in diesem Königlichen Edict abgefaßt, und kann eine jede neue Schule bey ihrer Errichtung daraus vieles Nützliche zu ihrer Nachahmung nehmen. Nunmehro kann die Universität und die Congregation vom Oratorio, auch der Orden der Augustiner, bald wieder den guten Geschmack, der vor etlichen Jahren in Portugall sich spühren ließ, aber von den Jesuiten gar bald verbannet wurde, das Haupt wieder empor heben. Ich getraue es mir nicht zu sagen, daß ichs mit Gewißheit behaupten wollte, aber ich darf es aus dem Munde eines angesehenen Catholicken wiederholen, was er öffentlich bey dieser

Gelegen-

Gelegenheit gesprochen: Ein ausserordentlicher Vorfall, den auch die späteste Nachwelt mit gerechtester Empfindung verwünschet, hat zu Abänderung und Verbesserung des Schulwesens in einem Reich den glücklichen Aufschluß gethan, wo die bisherige Lehrer sich zu Meistern, wie in der Kirche, so in dem Staat, aufgeworfen hatten.

Malagrida. Wehe denen, welche auf einmal die Hirten von den Heerden getrennet, und aus einem erhitzten Eifer bey dem Vorfall, den sie noch nicht erwiesen, und doch den Jesuiten auf die Rechnung getragen, der Kirche zur Verunglimpfung, und einem angesehenen Orden zur äussersten Verläumdung, das Buch der Lästerung, so sonsten Tuba magna gennenet wird, und einen Protestanten zum Urheber hat, blos dazu angewendet, mit Schimpf-Reden und vergällten Ausdrückungen, mit Verstellung der Wahrheit und Erdichtung vieler Unrichtigkeiten auf denselben losgezogen, und solche Ausschweifungen von den Jesuiten erzehlet, daß der gemeine Mann in Portugall den Todhaß auf sie geworfen.

Charnock. Ich habe es zum Zeitvertreib gelesen; aber ich glaube so wenig, daß ein redlicher Portugiese darnach gelanget, so wenig es unter den Catholicken an Männern gefehlet, welche schon längstens und erst in den neuern Tagen die Künste der Jesuiten entdecket. Das einige Buch: Histoire des Religieux de la Compagnie de Jesus ist der Dolch, der sich eurem Orden ans Herze gesetzet. Die Kunst eurer Mitbrüder, und ihre Vorsorge, nichts in die Welt kommen zu lassen, wodurch die verdorbene Gesellschafft Jesu auf der wahren Seite erkannt werden mögte, hat es verhindert, daß man die Fortsetzung desselben nicht mehr in der Welt so bald zu hoffen hat. Und ich zweifle gar nicht daran, daß nicht die Jesuiten sich alle ersinnliche Mühe geben, dieses Buch, so wie alle andere, in welchen ihre Vergehungen und Fehler entdecket werden, gänzlich zu unterdrücken. Ihr habt einen Cavalier aus Savoyen, der sich viele Jahre in den Jesuiter-Collegien aufgehalten, sich aber nach der Hand von eurem Orden getrennet, in den Verdacht gehabt, daß er demselben dieses Ehrenmahl aufgerichtet habe. Ihr werdet mir ihn als einen Verräther eurer Gesellschafft angeben, der nicht Glauben verdiente. Wohlan! ich wollte, daß ihn gar kein Portugiese aus diesem Grunde lesen mögte. Aber könnt ihr dieser durch eure Vergehungen nun in die gröste Verbitterung gesetzten Nation wohl verwehren, oder wisset ihr auch Einwendungen über die Glaubwürdigkeit jener Schrifften zu machen, welche selbst eure eigene Schrifftsteller ans Licht gegeben? Die Circular-Schreiben eurer eigenen Ordens-Generale, und die Verbesserungs-Decrete eurer Ordens-Congregationen sind wider euch, und die Briefe des P. Pascals hat eure Gesellschaft noch niemals beantworten können. Dorten erkennet man euer Angesicht im Spiegel.

Malagrida. Wo ist in der Welt eine Communität, und wo ist selbst die allgemeine Kirche, die so rein ist, daß kein Fehl an ihr anzutreffen, wo nicht bisweilen faule und untüchtige Glieder sich aufwerfen, und ihr zur Schande leben. Leider! daß ich mich auch unter der Zahl der letztern befunden, und daß mein Andenken meinem Orden noch auf ein Jahrhundert hinaus Verdruß machen wird. Aber ist es nicht höchst unbillig, die Fehler einiger bekannt zu machen, daß der ganzen Gesellschafft das Versehen aufgebürdet werde? Und richtet derjenige nicht ein allgemeines Aergerniß an, welcher solche Bücher zu dem Ende schreibet, daß der Haß auf die übrige unschuldige Mitglieder fallen soll?

Charnock. O lieber Freund! mit diesen Sätzen hat es eine ganz andere Bewandniß. Der ist aberwitzig, der aus den Verbrechen einzelner Personen auf das Verhalten einer Societät schliesset. Aber, wenn man die Verbrechen derselben nicht in einer, sondern in vielen Schrifften solcher Männer vertheidiget, behauptet, und als rechtmäßig gepriesen findet, welche von der ganzen Gesellschafft für die Lehrer vom ersten Rang, und als leuchtende Sterne angesehen, und befolget werden; wann es ein Werk einer ganzen Gesellschafft wird, gewisse Paradoxa, welche gerad wider Natur und Vernunft gehen, mit der äussersten Hartnäckigkeit zu vertheidigen, und wann die Vorgesetzten und Obern einer so grossen Branche einer Societät, wie der Jesuiter-Orden in Portugall ist, mit in solchen Verbrechen nicht so wohl verwickelt, als vielmehr die Haupt-Personen sind, deren Thun und Lassen dem P. General eben so wenig unbekannt seyn kann, so wenig, als es nur Portugiesische Jesuiten gewesen, die an der Zusammenverschwörung Theil gehabt, und diese Teutsche, Franzosen und Italiäner bey ihren blutigen Anschlägen mit zu Gehülffen angenommen; wenn dieses ist, so sind dergleichen Bücher keine Schmäh- und Läster-Schrifften, wohl aber Warnungen für jede Lands-Herren, und auch für ganze Gemeinden, daß man den Wolf in Schaafs-Kleidern an seinen Kennzeichen erkenne, um sich nicht von ihme berücken zu lassen. So müsset ihr den Heil. Francicus de Borgia, den berühmten und eiferigen General eures Ordens, für einen Feind selbst halten, der das Verderben seiner Söhne mehr als einmal beweinet und beklagt hat, und dessen Weissagung von euren künfftigen traurigen Schicksalen, unter den nachdrücklichsten Worten bey euch in eine wahre Erfüllung gegangen. Es giebt verdiente und treffliche Leute unter den Jesuiten, Männer nach dem Sinn der Kirche und des Geistes; aber sie haben kein anders Nebenwerk getrieben, als worzu sie ihr Beruf und die Statuten ihres Stiffters, des Heil. Ignatius Lojola, angewiesen; sie machen die Mißbräuche nicht mit, sie eifern selbst wider die Unordnung, sie haben zum Theil dem Pabst selbsten Bittschrifften zur Reformation eures Ordens überreichet. Aber jedesmal war ihre Zahl, wenn sie auch in Ansehung ihrer Verdienste groß war, jedoch in Ansehung ihres ganzen Ordens die kleinste, und wird heut zu Tage eben noch die kleinste seyn müssen. Erinnert euch, mein Vater! waren unter jenen Orden, die so mancher Pabst aufgehoben, und ihre Statuten vernichtiget, weil sie der Kirche zur Aergerniß und der Welt zur Verwirrung gedienet, waren nicht Leute darunter, deren unsträflicher Wandel noch immer in gesegnetem Andenken stehet, und die doch als Unschuldige mit den Schuldigen leiden mußten. Man erzehlt, ich sage es mit Bedacht, man erzehlet es nur; die Gewißheit wird doch wohl hervor kommen, so, wie die Sonne das kleinste Gespinnste an den Tag hervor bringt, daß, als die Beichtvätter des verstorbenen Königs

nigs von Portugall, oder vielmehr der König Johann V. eurer Gesellschafft einsmals bey dem Pabst Benedict XIV. das Wort geredet, und zu eurer Gesellschafft Besten geschrieben, und sie vertreten, dieser grosse und fürtreffliche Pabst, der seines gleichen unter den Vorfahren auf seinem Stuhl wenige gehabt, ausgeruffen haben solle: „Ach! die Mo-
„narchen in Portugall werden GOtt genaue Rechenschafft darum ge-
„ben müssen wegen des Schutzes, den sie den Jesuiten angedeihen las-
„sen, die sich darauf verlassen, und mit einer ärgerlichen Verwegenheit
„alle Verordnungen und Päbstliche Bullen verachten.

Malagrida. Wenn ich nicht selbst meiner bewußt wäre, und was mich an diesen Ort gebracht habe: so sollt ich euch bey meinen vielen Quaalen als einen mir zur Strafe geschickten Versucher ansehen, der meine Pein vermehren müßte.

Charnock. Ich würde in euern Augen ein Ketzer seyn müssen, wenn ich mit euch im Leben also geredet haben würde. Hier aber ist die Larve abgelegt, und euer Fluch oder Bann, den ihr mir sonsten auf den Hals geladen haben würdet, kann mich eben so wenig treffen, als euch meine Schmeicheley oder Rechtgeben etwas helffen kann. Hier fehlt aller Witz, seine Untugenden zu beschönigen, und ihr würdet euch nur selbst verdächtig machen, wenn ihr alles das für Lästerungen und Verläumdung angeben wolltet, was das Ministerium in Portugall euch nach so vielen geführten Beweisen zur Last geleget.

Malagrida. Daß unser Schicksal mehrentheils von übelgesinnten Personen herrühret, welche der Gerechtigkeit des Königs Josephi gemißbrauchet, und solche gegen uns gereizet, ist so gewiß, daß wir darthun könnten, wie man bey unserm Orden mit der Execution selbst angefangen, ehe noch ein Verbrechen auf uns gebracht werden konnte, ja, ohne daß einer unter uns persönlich befragt worden wäre, seine Vertheidigung und Unschuld an den Tag zu legen. Dies ist so gewiß, daß auch der P. General unsers Ordens solches dem Pabst Clemens XIII. in seinem Memorial den 31. Jul. 1758. schon damals getrost vorlegen konnte, um daraus die Folgen vorzustellen, die bey dem Lauf eines so
übereil-

übereilten und mit lauter Gewalt durchgesetzten Processes bevorstehen mögten. Sie haben sich auch nachgehends ereignet; man hat fortgefahren, Gewalt mit Gewalt zu häufen; und als die unglückseelige Verschwörung ausgebrochen, ohne eine Untersuchung anzustellen, blos auf die Aussagen der Haupt-Verräther, welche wohl den Himmel verrathen hätten, wann sie sich hätten losmachen können, die vornehmsten Häupter unter uns heraus gefangen, und würde, wann es nur möglich gewesen wäre, uns mit denselben auf das Schaffaut geführet haben.

Charnock. Lasset mich diese Menge von Sätzen auseinander klauben, so wird euch die Antwort auf einmal widerlegen können. Ihr beklaget euch, daß Uebelgesinnte das Ministerium wider euren Orden gereizet hätten; mithin beschuldiget ihr daßelbe einer thörichten Leichtgläubigkeit. Aber wie konntet ihr den König und seine Ministers also abmalen? Er liebte und beschützte euren Orden auf das kräftigste wie sein Vatter und seine Vorfahren, welchem die Jesuiten ihr erstes Glück und den Grund ihrer Größe zu danken haben. Er entzog sich ihrer Führung und Leitung nicht eher, und verwies sie nicht aus seinem Pallast, als bis er sie zu seiner größten Verwunderung, als treulose Leute, und als Lehrer einer verdorbenen Moral deutlich hätte kennen lernen. Er hatte schon vorher, auch noch 1757. an den P. General Centurioni geschrieben, welche Empörungen in seinen Americanischen Provinzen, welch unerlaubter Handel in Portugall durch seine Mitbrüder erreget und getrieben worden, und gedrohet, daß, weil alle vätterliche Ermahnungen nicht das geringste zu einer Besserung geholffen, er nothwendig auf eine gerechte Ahndung bedacht seyn müßte. Alle Jahre seiner Regierung sind Klagen über die Jesuiten ergangen. Die Magazins, oder besser zu reden, die Zoll-Häuser, die man bey ihnen angetroffen, waren eine bezauberte Gebäude eines Ariosts, die blos in der Einbildungskrafft der Dichter aufgeführet worden; die Visitatores des Königs haben die Schätze würklich gefunden, und die Magazine waren den Leuten so bekannt, als den Kirchen. Der Zwang, die gewaltsame Unterdrückung, die unrechtmäßige Besitzung der Güter, und die Untreue ge-

gen

gen den Monarchen waren keine ungewisse Sagen und falsches Gerüchte; sondern würklich geschehene Dinge, die durch die Klagen und Thränen des Volks, durch Königliche Minister, durch Missionarien und durch Bischöffe bekräfftiget und dargethan sind; welche endlich den starken Widerstand überwunden, der ihren Fortgang aufgehalten, und sie verhindert hatte, bis zu dem Thron zu kommen. Was darauf erfolget ist, was der König gethan hat, war alles eine Folge des Päbstlichen Breve, in welchem der Cardinal Patriarch Saldanha zum Visitator und Reformator mit der uneingeschrdnkten Vollmacht wider die Jesuiten ernennet worden. Aber, wie habt ihr selbst den König, den Patriarchen und die Königlichen Ministers mißhandelt? Der König wurde als ein Tyrann, der Patriarch als ein eigennütziger Mann und blinder Verfolger, auch Hofschmeichler, und D. Caravalho als ein heimlicher Jude, der in euch JEsum Christum verfolgte, in euren Briefen an Auswärtige angegeben.

Malagrida. Gleichwol hat der Patriarch in Berufung auf dieses Päbstliche Breve ohne Untersuchung den Jesuiten den Beichtstuhl und die Canzel verboten, da doch ein solches Recht ihme nicht zukam, einem ganzen Orden ohne Bewilligung des Römischen Stuhls diese Handlungen niederzulegen.

Charnock. Die Jesuiten waren schon überführet; sie hatten bereits in ihren Predigten Meuthereyen und Aufruhr zu stifften gesucht. Als der König die Handels-Gesellschafft von Maragnan und Groß-Para aufgerichtet hatte, welche ihrem Handel Eintrag gethan; so rieffen sie auf den Canzeln aus: daß, wer in diese Gesellschafft treten würde, nicht würdig seyn sollte, in die Gesellschafft JEsu aufgenommen zu werden. Kaum waren ihnen die Canzeln verboten, so lehrten sie eben diese Grundsätze in ihrem täglichen Umgang und Gesprächen ihre Freunde. Eben dies versuchten sie in der Stadt Porto, wo sie den grösten Theil der Burgerschafft verleiteten. Doch gesetzt, es hätte sich geziemet, daß die Absetzung vom Beichtstuhl vorhero ihnen hätte angekündiget werden sollen, oder daß ein Päbstliche Einwilligung ausdrüklich hätte erfolgen müssen:

müssen: War der Cardinal-Patriarch denn davon frey, daß sie nicht bey dem Pabst und denjenigen Cardinälen, die ihre gute Freunde waren, das ganze Päbstliche Breve entkräfftet hätten? Ist es nicht schon erwiesen, daß die Portugiesischen Jesuiten in Indien vorgegeben, daß sie allein von dem Sohn GOttes berufen wären, die andern Missionarien aber neben ihnen blos solche Prediger seyen, die von den Nachfolgern Petri, eines armen Fischers, dazu berufen worden.

Malagrida. Ist es denn aber den Rechten gemäß, einen ganzen Orden sogleich zu überfallen, ohne vorher eine Vertheidigung anzuhören?

Charnock. Wo die That anklagt, da findet keine Vertheidigung statt. Hat denn das Portugiesische Ministerium, da die Jesuiten in America ausser ihrer Ordens-Kleidung an der Spitze der Rebellen angetroffen worden, da man sie als Ingenieurs, Hauptleute und Generals in der Action gefunden, noch erst nöthig gehabt, die Jesuiten zu Lisabon deswegen zu befragen? Oder haben sich etwa diese ehrliche tapfere Patres mit Fleiß und in dieser Absicht den Rebellen beygesellet, und ihre Vestungs-Werker angegeben, um die Rebellen und diese letztern den Spanischen und Portugiesischen Truppen zu überliefern, und sich bey den beeden Cronen verdient zu machen? Dies würde etwas ganz neues und unerhörtes seyn, wenn man mit dergleichen Personen, die man auf der That erwischet, so viel Umstände und Befragen anstellen wollte. Was würden dies für Entschuldigungen der Jesuiten gewesen seyn, so die Jesuiten vorgebracht haben würden? Der König würde doch nicht die Wahrheit durch sie erhalten, vielmehr aber diese alle nur mögliche Mittel von aller Art angewendet haben, um sie zu verheelen, oder Zeit zu gewinnen, die Rebellion noch mehr zu verstärken. Die Entschuldigungen, die sie vielleicht vorgebracht hätten, würden nichts anders, als falsche Gegen-Lästerungen von eben dieser Art gewesen seyn, so, wie man in Rom ausgestreuet, und hernach an andern Europäischen Höfen herum getragen: nemlich, daß man die Heil. Inquisition in Portugall abschaffen wolle; daß die Jesuiten verfolgt würden, weil sie sich dawider gesetzet hätten; daß der König in dem Reich Portugall die Gewissens-Freyheit für alle Christliche Religionen aufrichten wolle, daß er den Protestanten schon Plätze zur Wohnung angewiesen habe, daß er trachte, eine Königliche Prinzessin mit einem ketzerischen Prinzen zu vermählen. Diese anzügliche und boshaffte Ausstreuungen waren zwar nur Lufft-Streiche; doch machten sie besonders in Rom grosses Auffehen, wo man das Wort der Jesuiten mit einer besondern Hochachtung als Wahrheiten aufnimmt. Es hatte auch der Päbstliche Nuntius zu Lisabon sich fleißig darnach erkundiget, und endlich aufrichtig bezeuget, daß es nur Verläumbungen wären.

Malagrida. Aber wie kann man gleich alle auf gleiche Weise bestrafen? und wenn alle, so in den Portugiesischen Staaten waren, strafwürdig gewesen wären, so hätte man doch gegen diejenige gnädig verfahren sollen, die sich in andern Theilen der Welt nach ihrem Vermögen bemühet, die Religion zu befördern, und die Reinigkeit des Gottesdiensts aufzurichten.

Charnock. Dies habe ich euch ja schon öfters gesagt, daß nicht alle und jede von den Geistlichen, die man angeklaget hat, würklich an dem Verbrechen Theil nehmen. Wenn ihr sagen wolltet, daß der mehrste Theil unschuldig seye: so werden auch dies die wenigsten glauben. Jedermann weiß bereits, daß dieses ein altes Lied und gewöhnliches Taschen Spiel der Gesellschafft ist, die Schuld von einem auf den andern zu wälzen, und sich doch in Geheim miteinander zu verstehen, die Vergehungen eines jeden aber zu einer gemeinschafftlichen Sache zu machen, und gleichwol mit einer Hefftigkeit, die ihres gleichen nicht hat, zu behaupten, daß ein Verbrechen nur einigen, und nicht allen zuzuschreiben seye, und wenn hernach einzelne Personen angefochten werden, überlaut zu schreyen, daß man die ganze Gesellschafft angreife. Doch ich verwahre mich, mein Pater Malagrida! gegen euch aufs beste, daß, was ich von Jesuiten melde, blos die in Portugall angehe, und es sind die Collegien anderer Provinzen in Europa zu bedauern, daß sie Mitglieder
aus

aus ihnen nach diesem Reich gesandt, welche dem Befehl der dortigen Obern Gehorsam leisten mußten.

Malagrida. Ich muß gestehen, wenn ihr in eurem Proceß solche Gabe zu reden gehabt; so wird es euren Richtern schwer geworden seyn, euch zu verdammen. Bey euch sind die Jesuiten sehr schlimm angeschrieben, und ihr scheinet mir ziemlich die Abwege des menschlichen Herzens zu kennen. Dies hat euch das gute Glück gerathen, daß ihr euren Discurs blos auf die Jesuiten in Portugall richtet; denn in andern Provinzen Europens ist es den wenigsten Collegien bekannt, so wenig dem P. General aller Jesuiten noch im Jahr 1758. alles bekannt gewesen. Aber, was Ihr von derjenigen Art und Weise sagen wollt, wie die Jesuiten eine Sache ihrer ganzen Gesellschafft daraus machen, wenn unter ihnen einzelne Glieder angefochten werden, daran seyd Ihr noch ziemlich irrig, und lässet sich nichts davon raisonniren, sondern es muß bewiesen werden.

Charnock. Sehet, mein Freund! Ihr habt die Probe an dem Streit von dem Probabilismo, welcher der Christlichen Religion so nachtheilig ist. Wenn eifrige Bischöffe und scharfsinnige Gottesgelehrten die Feder ergriffen haben, um einen Jesuiten zu widerlegen, so haben sie gleich eine Ehren-Erklärung verlangt, als ob man die ganze Gesellschafft beleidiget habe. Hingegen, wenn von andern Gottesgelehrten diese Lehre, als eine allgemeine Pest, so sich in die Gesellschafft eingeschlichen, vorgestellet worden, so hatten sie nicht weniger geschrien, und sie als Lügner und Lästerer gescholten, welche die Meynung etlicher Jesuiten der ganzen Gesellschafft beymessen wollten. Sehet, mein Freund! der ganze Briefwechsel der Jesuiten in Paraguay und Maragnan mit denen in Europa ist entdeckt, und von dem Lisaboner-Hof der Welt mitgetheilet worden. Sie wußten von den Europäern alles; wenn ein Bischoff oder Königlicher Minister an dem Ort seiner Bestimmung in America anlangte, so hatten die Jesuiten schon Nachricht von seinem Character, seinen Einsichten, Gesinnungen, und von der Art, wie ihm entweder zu schmeicheln, oder eine Furcht einzujagen wäre, um ihn auf ihre Seite zu bringen. Hingegen, wenn die Americanischen Jesuiten kein Mittel finden konnten, diese Minister durch Geld oder auf eine andere Art in ihr Netze zu ziehen, so fiengen sie an, dieselben bey jedermann anzuschwärzen, und verhaßt zu machen, bis man einen Auffstand gegen sie erregte, und bey dem Monarchen Klage anbrachte. Es ist ein redendes Exempel vorhanden, welches überall erzehlet wird. Der Vice-Re von Peru, Anteguaba, hatte mit einem grossen Eifer die Unordnungen, die nunmehro entdeckt sind, an den König von Portugall berichtet; er wurde aber so weit verfolget, daß er endlich in der Stadt Lima hingerichtet wurde. Es erhellet nunmehro aus den Proceß-Acten, aber zu spat, wer die Verläumder und Ankläger dieses ehrlichen Manns, und wie wenig die Verläumdungen gegründet gewesen.

Malagrida. Wenn doch nur gegen meine Mitbrüder in den andern Welt-Theilen gelinder verfahren würde!

Charnock. Berühret nur diesen Punct nicht. Man hat das Gute und Böse berechnet, welches die Obern der Jesuiten in Portugall der Kirche GOttes erwiesen; das erste ist scheinbar und gering, das andere ist groß und viel. Die Weissagung ist nur allzu viel eingetroffen, so die Sorbonne in Frankreich gleich bey dem Anfang des Jesuiter-Ordens von demselben gethan hat, nemlich, daß sie nicht erbaue, sondern niederreisse, daß sie zur Unterbrückung und Plage der Völker abziele, daß sie sich der Gerichtsbarkeit entziehe, und den Bischöffen nicht unterwerffe, und daß sie so wohl geistliche, als auch weltliche Ober-Herren ihrer Rechten und Freyheiten beraube; daß sie nichts anders, als Unruhen und Uneinigkeiten in beyden Ständen errege, und Zänkereyen, Klagen, Streitigkeiten, Eifersucht und Trennungen verursache. Dies sind die nemlichen Worte, und die härteren Ausdrücke will ich aus Hochachtung gegen euren Orden verspahren, die in der bekannten und höchstmerkwürdigen Verordnung der Sorbonne enthalten, welche sie im Jahr 1554. gegen die Aufnahme der Jesuiten in Frankreich ergehen lassen.

Malagrida. Lästerung genug, wo es den Feinden der Jesuiten schwer werden sollten, wenn sie für ihre Ausstreuungen hafften sollten.

Es wird sich wohl noch weisen, was es mit der Anschwärzung für eine Boßheit der Jesuiter-Feinde seye, daß sie dem König von Portugall vorgebildet, welchen Handel und Commercien der Orden getrieben hätte. Alle Dinge können auf 2. Seiten betrachtet werden, aber der Unbillige siehet sie nur immer auf der schlimmsten an; und ist ein Orden in der Römisch-Catholischen Kirche, der die Verbrechen seiner Mitglieder verabscheuet, so ist es der von der Gesellschafft Jesu.

Charnock. Die vornehmsten Verbrechen, welche man in Portugall den Jesuiten beymisset, sind die Rebellion und der Handel. In Ansehung ihres Wuchers und Krämerey in Indien kann die Sache gar nicht geläugnet werden, und man kann wohl sagen, daß der Jesuiter-Orden durch nichts anders, als durch den weitläuftigen Handel zu der grossen Macht gekommen ist, die er gegenwärtig hat. Die geheimen Regeln, welche die Jesuiten nur etlichen wenigen von ihrem Orden wissen lassen, enthalten nichts, als Anweisungen und Kunstgriffe, die Gesellschafft zu bereichern, in Ansehen zu setzen, und überall, wo etwas zu gewinnen ist, durch List oder durch Gewalt auszubreiten. Man hat davon die glaubwürdigsten Zeugen, und Portugall hat es empfunden. Wenn sonsten zu Lisabon eine Flotte ankam, so den Kaufleuten gehörte: so konnte man allezeit die Klage hören, daß die Waaren, welche den Jesuiten davon gehörten, mehr austrügen, als aller andern Kaufleute, wenn schon Lisabon ein Sitz der blühenden Handlung ist. Was noch mehr ist: so sind die See-Räuber selbst Zeugen von diesem ärgerlichen Handel, welche mehr als einmal Kauffarthey Schiffe für Rechnung der Jesuiten, und andere Schiffe, die von verkleideten Jesuiten geführet worden, weggenommen haben. Vor etlichen Jahren, da der P. Carbone noch lebte, wurde eines ihrer Schiffe, das mit kostbaren Waaren von America beladen gewesen, weggenommen; wobey sich dieser besagte Pater durch die Königliche Ministros äusserst bemühet hat, es wieder zu bekommen, und zu verhindern, daß diese Sache nicht vor die Ohren des Königs Johannis des Fünften kommen mögten. Wer weiß nicht in Rom die öffentliche Banco, welche die Jesuiten in ihrem Profeß-Hauß eben

eben so wohl, als in andern Handels-Plätzen von Europa halten? Es werden wenige seyn, die eine Wechsel-Handlung haben, welche nicht sollten Wechsel-Briefe von den Jesuiten oder ihrem Banco in Händen haben. Erlaubet mir, mein Pater! daß ich euch ein unpartheyisch Zeugniß von dem Commercio der Jesuiten in den beeden Indien vorlege. Der General der Französischen Compagnien zu Pondichery ist gewiß unverdächtig; er war kein Geistlicher oder Missionair; er war ein Officier, und ein Mann von grosser Einsicht in Handels-Sachen. Er erzehlet blos, was er in seinen Reisen des du Quesne im dritten Theil von dem Handel eurer Mitbrüder schreibet: Es ist gewiß, spricht er, daß die Jesuiten, wenn man die Holländer ausnimmt, den größten und einträglichsten Handel in Indien treiben. Er übertrift den Handel der Engeländer und Portugiesen, die sie dahin geführet haben. Es kann seyn, daß einige von ihnen aus einem wahren Eifer, das Evangelium zu verkündigen, nach Indien gehen, allein sie sind gewiß sehr rar, und blos diejenigen, welche das Geheimniß der Gesellschafft nicht wissen. Hingegen giebt es andere daselbst, welche wahre Jesuiten sind, und es nicht zu seyn scheinen, weil sie verkleidet sind. Diese letztern mischen sich in alles, und kennen alle diejenigen, so die besten Waaren haben. Sie können sich alle untereinander durch gewisse Zeichen zu erkennen geben, und handeln alle nach einerley Plan, so, daß das Sprüchwort: Viel Köpfe, viel Sinne, bey diesen Geistlichen nicht statt findet; denn die Gesinnung der Jesuiten ist allezeit eben dieselbige, und verändert sich nicht, vornemlich in Ansehung des Handels.

Malagrida. Der Handel, von dem ihr redet, rühret nicht aus einer Begierde, sich zu bereichern, her, sondern daß ihnen alle diese Arten von Waaren von den Indianern verehret werden.

Charnock. Dies Vorgeben ist gar nicht zureichend, denn man darf nur den elenden Zustand erwegen, in welchem sich diese arme Indianer befinden, und die von den Jesuiten für Sclaven gehalten werden. In den Ländern zwischen den 2. Flüssen Uraguay und Paraguay werden nicht weniger als 31. Pflanz-Städte angetroffen, in welchen über 10000.

10000. Seelen gewohnet, und so reich sind an Früchten, und für die Jesuiten so einträglich, als arm und elend für die Indianer, die ihnen Sclaven abgeben müssen.

Malagrida. Dieses wird mit bestem Grunde geläugnet, und gehöret unter die Spöttereyen unserer Feinde. Es ist gar nicht glaublich, daß so viel kluge Ministers des Königs von Spanien und Portugall, zum Nachtheil der Finanzen und der Ehre des Königs, von Jesuiten könnten hintergangen werden. Diese haben im Gegentheil ein Königlich-Spanisches Decret vor sich, in welchem ganz anderst von ihnen gemeldet wird. Man findet darinn unter andern Beweißthümern einen Brief von dem Bischof von Buonos-Byros, einem Dominicaner, in welchem er dem König von Spanien von der Visitation Bericht abstattet, die er Amts wegen in den Ländern gehalten, die in Paraguay von den Jesuiten verwaltet werden. Es war ein bloser Neid unserer Feinde, daß unsere Mitbrüder so viel Gutes in Paraguay stiffteten, da ohne ihre Hülfe die armen Americaner weder etwas von Christo, noch von den Königen in Spanien und Portugall wissen würden.

Charnock. Damals war der Spanische Hof noch so gefällig, daß er Nachricht von den angeklagten Jesuiten einziehen ließ, und die Beschicklichkeit dessen, der bey Hof war, und es so zu machen wußte, daß man die Berichte aus diesem Brunnen schöpfte, war nicht weniger groß. Nun überleget selbst, wie richtig und zuverläßig es mit diesem Decret hergegangen. Hat doch der Bischof von Osma, Palafor, schon 1647. an Pabst Innocentius den Eilften geschrieben, daß zwey Collegia der Jesuiten in America alleine 200000. Schaafe nebst einer grossen Heerde Kühe und anderm Viehe hielten; ferner, daß eine Provinz von zehen einzelnen Collegien sechs Zucker-Fabriquen besässen, wovon jede jährlich 1000. Scudi Nutzen abgeworfen, und der ganze Werth derselben auf 2. bis 3. Millionen Scudi geschätzet würde. Ueber dieses haben sie noch einen weitläuftigen Feldbau, daß, ob gleich ihre Meyerhöfe 20. und mehr Meilen entfernet sind, doch die besäeten Felder bey ihnen angränzen; und man hat nach der richtigsten Rechnung gefunden,

daß

daß damals ein jeder Jesuite, der sich daselbst aufhielte, 2500. Scudi jährliche Einkünfte habe, da zum bequemen Unterhalt eines jeden nur 100. Scudi erfordert würden. Ihr könnt leicht den Schluß machen, um wie vieles seit dieser Zeit ihre Einkünfte und Schätze gestiegen seyn müssen.

Malagrida. Der Handel in Paraguay ist seiner wahren Beschaffenheit nach nichts anders, als eine Verwechselung der Waaren, welche nach den weisen Absichten des Monarchen geschiehet, die in dem oben angeführten Königlichen Decret angeführet sind.

Charnock. Wenn die Unruhen in Paraguay von den Jesuiten nicht erreget worden wären, so würden die Höfe zu Madrit und Lisabon nicht eine weitere Untersuchung haben anstellen müssen, und König Ferdinand der Sechste würde nimmermehr dazu geschritten seyn, seinen Beichtvatter, den Jesuiten, nebst seinen Mitgenossen A. 1757. vom Hofe zu entfernen.

Malagrida. Wären die Beschuldigungen wider die Jesuiten zu rechter Zeit nach Rom an den P. General gekommen, daß man sie nur einiger maßen hätte bescheinigen können; so würden alle Straf Mittel hervor gesucht worden seyn, so wohl die angebliche Rebellion als den Handel an den verdorbenen Gliedern zu rächen.

Charnock. Es müßte jetzo besser und richtiger damit ergehen, als ehemals. Der ehrwürdige Greiß, der Jesuite Mariana, redet in seinem Buch: de morbis S. J. ganz anderst. In seinem 14. Capitel sagt er: Was die Strafen anbetrift, so ist es gewiß, daß es gar keine bey uns giebt. Wenn jemand etwas unternehmen will, was ihm gefällt, so wird es allezeit dabey bleiben. Die größten Verbrechen bleiben unter dem Schein, daß sie nicht hinlänglich bewiesen sind, ungestrafft. Einige wenige Zeilen darauf fähret er fort: Es ist allerdings wunderlich und merkwürdig, daß man die Guten ohne Ursache, oder um geringer Sachen willen so übel mißhandelt, und sie wohl gar verfolget, weil man besorget, daß sie ihren Mund aufthun, und sich widersetzen würden. Hingegen die Lasterhafften werden verschonet, weil sie sich furchtbar machen;

chen; welches zur Genüge anzeiget, wie schlecht unsere Verfassung in diesem Stücke seye. Aber! sagt mir doch, mein lieber Pater! wie wurde dann der P. Commolet bestraft, der einen gefährlichen Aufstand wider König Heinrich den Dritten in Frankreich erreget? Wie bestrafte man den P. Guignard, der es in einem besondern Buche behauptet, daß König Heinrich der Dritte rechtmäßiger Weise sey umgebracht worden? Wie bestrafte man diejenigen, welche die Verschwörung wider die Königin in Navarra und Heinrich den Vierten, König in Frankreich, ihren Sohn, angefangen hatten, um sie gefangen zu halten, wie es auch würklich geschehen wäre, wann nicht die Königin in Engelland, Elisabeth, ihr zu Hülfe gekommen wäre, und die Meutherey vernichtet hätte? Es ist wahr, die drey Jesuiten, von welchen der eine Urheber der Verschwörung wider König Jacob den Ersten in Engelland war, wurden zum Tod verdammet, aber nicht von Jesuiten, und man kann es erweisen, daß man sie gar für Märtyrer des Glaubens gehalten. Davon aber finden sich in den Geschichten Exempel, daß man den P. Imhofer in das Gefängniß geworfen, weil er die Laster der Gesellschafft mißbilligte; daß man den P. Rainaud verfolget, weil er in einem Buch gelehret, daß der Handel den Geistlichen verboten seye; daß so gar der P. General Tirso Gonzalez erniedriget, und beynahe abgesetzet worden, weil er über das Verderben der Jesuitischen Moral geweinet, und sie verbessern wollen.

Malagrida. Mischet nicht immer das Alte mit dem Neuen zusammen. Der jetzige P. General hat in seinem Memorial an den Pabst ausdrücklich bezeiget, daß der Orden dem König in Portugall alle nur mögliche Genugthuung verschaffen wolle, daß die Schuldigen zur verdienten Strafe gezogen werden sollen, und daß man aus fremden Ländern die geschicktesten und angesehensten Personen nach Lisabon schicken wolle, um die gehörige Untersuchung anzustellen, und die Mißbräuche, welche sich vielleicht mögten eingeschlichen haben, abzuschaffen. Aber! hat man denn wohl auch noch zu Lisabon von Billigkeit reden hören mögen?

E Charnock.

Charnock. Das heißt: verschlagene, kluge, wohlunterrichtete Jesuiten hinschicken, die der Sache eine andere Gestalt geben. Dazu wäre viele Zeit erfordert worden, bis diese Männer die Untersuchung zu Stande gebracht hätten. Da würde es euch, mein ehrlicher Pater! nach dem Sprüchwort recht gelungen seyn: Wer Zeit hat, hat auch das Leben. Wenn Monate vergehen, so ändern sich leichtlich die Dinge, und unterdessen wäre die Sache gütlich beygeleget worden.

Malagrida. Jetzo, da das Uebel überhand genommen, da das Aergerniß mit vollem Strom in die Kirche ausgebrochen, da man der Ehre der Gesellschafft im geringsten nicht geschonet, da man die armen Indianer selbst in ihrem erkannten Glauben irre gemacht, daß man ihre Lehrer als Missethäter ergriffen, und ihnen abgenommen, da man dem Päbstlichen Stuhl in der Jurisdiction vorgegriffen, da man in Europa so vieles verbreitet, was nur den Orden beschimpfen kann: Nunmehro glaube ich wohl selbsten, daß es vielmehr zu befürchten stehe, daß eine solche Untersuchung, an statt Nutzen zu geben, auf das neue die Unruhe vermehren mögte.

Charnock. Fürchtet euch vor diesem Unglück nicht; die Jesuiten sind schon über den Gränzen von Portugall, und sind im Frieden nach Italien geschafft worden, daß sie ihren Brüdern erzehlen, wie König Joseph von Portugall die Päbstliche Breven besser in Vollstreckung bringen könne, als wenn der P. General erst darüber deliberiret, wie er dem König eine Genugthuung geben mögte. Dies sahe wohl der Hof zu Lisabon besser ein, als ihr es besorgen könnet, daß abermals eine neue Unruhe entstünde, wenn man eine genaue Untersuchung halten wollte. Der Cardinal Saldanha würde seine Proceduren wohl nicht den scharfsichtigen Augen der Herren Abgeordneten zur Prüfung unterworfen haben, und nach aller Untersuchung würden doch auch alle Bullen und Breven der Päbste, so viel sie nur immer machen könnten, nicht viel helffen. Es ist schon dies eine Regel der Weisheit, daß, wer sehen will, was er werden soll, der muß sehen, was er gewesen ist. Glaubet ihr nicht,

mein

mein Pater! daß man in Portugall diese Lehre gar wohl auf den Fall anwenden kann, in welchem man dermalen gestanden?

Malagrida. Wenn der Cardinal selbsten in der Sache verführe, so liesse ichs noch angehen, daß etwas Gutes geschaffet werden könnte; aber unter seinen Abgeordneten finden sich Personen, welche die Ordens-Gesetze wenig verstehen, oder übel gegen die Gesellschafft gesinnet sind, und also vielen Schaden anrichten können.

Charnock. So müßten die Ordens-Statuta eine Geheimniß-volle Dunkelheit mit sich führen, daß sie niemand anders, als ein Jesuite, und dieser nicht, woferne er ein Oberer und Haußhalter der geheimen Schätze der Societät ist, verstehen kan. Oder, glaubet ihr, daß zur Einziehung der nöthigen Nachrichten von öffentlichen, bekannten und würklich geschehenen Dingen solche Personen erfordert werden, welche die Historie der Orden völlig durchlesen haben? So viel Umstände braucht es nicht. Man kann ganz wohl von geschehenen Dingen urtheilen, wenn man nur Augen und eine gesunde Vernunft hat, und nicht von Vorurtheilen eingenommen ist, dann die Christliche Lehre und das Natur-Recht ist hinreichend, vom Recht oder Unrecht urtheilen zu können. Mit der Rede von wohlgesinnten Personen ist es ein Räthsel, das ihr immer im Munde führet. Soll es etwann heissen, daß es Personen sind, die es nicht für unrecht halten, einem Monarchen seine Provinzen zu rauben, die Unterthanen zur Rebellion zu führen, und die Waffen wider ihren rechtmäßigen Herrn zu ergreifen? Die da glauben, daß es erlaubt seye, denjenigen zu Sclaven zu machen, der frey ist, und daß es sich für geistliche Personen wohl schicke, unter dem Schein der Predigt des Evangelii niederträchtigen Handel zu treiben; daß es ferner etwas Löbliches sey, unbillige Contracte zu machen, und daß man, um alles zu erhalten, denjenigen verfolgen und lästern könne, der es seiner Schuldigkeit gemäß erachtet, wenn man nur alles dieses zum Besten seines Ordens thue; und dabey vorgiebt, daß es zur Ehre GOttes geschehe? Wenn dieses euere Meynung ist, mein Pater! so ist es zu bedauern, daß ihr dem P. General nicht den Rath gegeben, die Jesuiten nach America zu schicken, und Nachricht einziehen zu lassen, weil er gewiß keine andere in der Welt, als sie, oder ihre Anhänger finden wird, die man in dem Verstand des Jesuitischen Wörter-Buchs Wohlgesinnte nennen könnte. Wie ihr es wünschet, so sollte der Proceß nach eurem Willen angestellet, und vielleicht gar ein Compromiß auf einige Cardinäle gemacht worden seyn, so, daß vor allen eine Amnestie versprochen würde, damit die Verbrechen der Jesuiten in Portugall im Rauch aufgehen und verschwinden mögten, und die Jesuiten das bepbehielten, was sie einmal in Händen haben, für das künfftige aber ihnen solches unter gewissen Restrictionen erlaubt würde.

Malagrida. Wenn doch nur bey all diesem strengen Verfahren auf die Ehre der ganzen Gesellschafft JEsu besser gesehen worden wäre.

Charnock. So, wie Ihr selbst öfters gesagt, daß die Vergehungen der Jesuiten in Portugall nicht dem ganzen Orden zur Last gelegt werden können: so ist es mit der Bestrafung, und mit der Schande, an denen die ganze Gesellschafft keinen Theil nimmt, und der König eben so wenig den ganzen Orden damit anzutasten begehret. So, wie ganze Staats-Collegien keine Beschimpfung davon zu befürchten haben, wann einige unter ihnen als Treulose, ja wohl gar als Verräther der Gerechtigkeit in die Hände fallen: So, wie der Portugiesische Adel doch wegen seiner Tugenden und andern Eigenschaften verehret werden wird, wenn schon aus den vornehmsten Häusern, und zumal aus der Familie von Aveiro, welche vom Königlichen Geblüt herrühret, unwürdige Abstämmlinge, sich mit dem Königs-Mord beflecket: eben so wird weder die Kirche oder die vernünftige Welt einem solchen Orden, der seine ausnehmende Verdienste hat, und beeden in allen Theilen der Welt so nützlich geworden, deswegen mit Verachtung ansehen, oder geringer schätzen. Die Ehre an und für sich selbsten kann in keiner Päbstlichen Bulle oder Königlichen Befehl abgefasset werden. Sie muß sich in dem Menschen selbst bilden, und hat ihren Ursprung in den Sitten, den Handlungen, Character und Aufführung deren, die diese Ehre verlangen.

Malagrida.

Malagrida. Gehet mit eurer Philosophie, die so schlechte Früchte bringet. Wo kann denn die Gesellschafft, wenn sie solche Klaffen erhalten, bey dem gemeinen Mann und dem grossen Haufen mehr etwas Nützliches zum Dienst der Kirche schaffen? Oder soll, wie ihr vielleicht meynen möget, der ganze Orden abgeschafft werden?

Charnock. Dieß weiß ich wohl, daß in der ganzen Welt von eurer Gesellschafft geschrieben, und geprediget wird, daß sie nichts anders thue, als den Heil. Stuhl vertheidige, für ihn wider die Ketzer streite, die wahre Lehre ausbreite, und des Pabsts Rechte, Freyheiten und Vorzüge beschütze. Aber darüber wird eure Gesellschafft noch manchen Kampf so wohl mit den Geistlichen anderer Orden, als auch mit den Incatholischen angehen müssen, bis sie ihnen besser beweise, daß dieses alles richtig und nach der Regel geschehe, und nicht vielmehr, um nur ihre besondern Meynungen und Sätze, und ihr über alles gehendes Interesse zu unterstützen, sich deswegen eines brennenden Eifers gegen den Heil. Stuhl rühmet, damit sie ihre Ausschweifungen und weitläuftige Absichten dadurch verberge, und damit sie eine fernere Stütze und stärkere Vertheidigung haben möge. Aber sehet! der verstorbene Pabst hatte sich selbst erboten, um die Jesuiten in Portugall der gerechten Ahnung des Königs wegen ihrer Verbrechen wider den Staat zu entziehen, und damit sie nicht schändlicher Weise aus den Staaten desselben vertrieben würden, die Untersuchung und Verbesserung der Gesellschafft der sich zu nehmen; aber auch damit war die Gesellschafft nicht zufrieden. Wegen der Abschaffung eures Ordens fragt mich nicht so vergeblich. Fällt die Verbesserung sehr schwer, und kann der Pabst nicht damit durchbringen, daß ihr euch nicht widersetzen solltet: so kann an die Abschaffung des Ordens gar nicht gedacht werden. Dadurch würden die Jesuiten vollends in den Harnisch gebracht werden, und es würden sich noch grössere Tragödien ereignen, als bishero in Portugall gewesen. Dieß weiß der Jesuite ohnehin wohl, daß der Pabst wider sein eigenes Interesse handeln würde, wann er diesen Orden abschaffte. Die weltlichen Fürsten und Herren, wenn auch durch ihre Macht Millionen

lionen Menschen beherrschet und im Zaum gehalten, und ganze Länder erobert und bezwungen werden, können es eben so wenig. Denn alsdann müßte erfordert werden, daß sie alle einmüthig und mit vereinigten Kräften das Werk zugleich unterstützten. Es ist nicht einmal zu vermuthen, daß eine kleine Anzahl von Fürsten sich verbinden würden, dem Exempel eines andern nachzufolgen, und wenn einer unter ihnen anfienge, wie es der König von Portugall jetzo gethan, mit ihnen also umzugehen, so würde er bald unter den Farben eines Tyrannen in der Kirche erscheinen müssen. Ich habe auch schon erzehlet, was ihr und eure Mitbrüder in Portugall für schändliche Abschilderung von dem König und seinem Ministerio gemacht habt. Endlich, als alle ihre Lästerungen keinen Eingang in den Gemüthern finden wollten, so ergriffen sie ganz andere Mittel, und beförderten die abscheuliche Verschwörung wider das Leben und die Person des Königs und der ganzen Königlichen Familie. Dies Verfahren ist nun zwar von dem König, wie die Schlange vom Löwen, überwunden worden; aber ein anderer Prinz wird es nicht gegen sich erwecken wollen, und den Muth wird er nicht auf die Probe setzen wollen, ob er dem Entschluß dieses Prinzen nachahmen wolle. Wenn man alle Geschichte von den Staaten in Europa durchgehet, so findet man darinnen kein Land, welches sich der Aufnahm und dem Aufenthalt dieses Ordens so hefftig und so lange widersetzet hat, als Frankreich. Die Parlamente, die Sorbonne, dieser grosse Sitz der Französischen Gottes-Gelehrten, die übrigen Obrigkeiten, Universitäten, Schulen und Geistliche können Zeugen seyn, wie hefftig sie wider die Jesuiten gestritten haben. Aber wer hat endlich überwunden? Wer hat die größte Gebäude und ansehnlichste Collegien, die Gunst des Hofes und der Grossen im Reich? Sehet den Staat von Venedig an: diese auf ihre Freyheiten und Vorrechte so wachsame Republique hatte im vorigen Seculo den Entschluß gefasset, den Jesuiten keinen Aufenthalt mehr zu gestatten. Aber wie kurz war die Dauer dieser Verbannung, und wie bald wurden sie daselbst wieder aufgenommen, und haben jetzt in Geheim daselbst einen weit grössern Schutz, als man wohl dem äusserlichen Ansehen nach nicht vermuthen sollte. Mala-

Malagrida. Eben darum singet, mein lieber Freund! noch nicht das Siegslied vor dem Triumph, da ihr mir mit ziemlicher Dreistigkeit unter das Gesicht sagtet, wie es nun um meine Brüder in Portugall eine geschehene Sache wäre. Das Schicksal unserer Gesellschafft in Portugall ist noch nicht zu ihrem gänzlichen Unglück entschieden, und es kann noch die Zeit kommen, wo das Andenken der abscheulichen Verbrechen, deren etliche von uns überwiesen worden, nicht mehr so lebhafft wird, und daß alles auf den vorigen Fuß wieder kann gesetzet werden. Und, wenn auch in Portugall die Macht des Königs noch durchdringen sollte, so würde man doch auf die Möglichkeit einer allgemeinen Abschaffung dieser Gesellschafft nicht eher einen Schluß machen können, als bis man dargethan hätte, daß alle Regenten sich auf gleiche Weise entschliessen würden, dieses gute Werk auch in ihren Staaten und Ländern zu befördern. So lange aber, als man dieses nicht behaupten kann: so lange habe ich noch Hofnung, daß die Jesuiten noch nicht den Plan auf die Seite legen dürfen, künftig wieder in Portugall zur Aufnahme ihres Ordens zu arbeiten.

Charnock. Bald bezeugt ihr eine grosse Zaghaftigkeit, daß es sich gar nicht zum Besten anlassen werde, und bald seyd ihr voller Muths, daß man eure Mitbrüder an den Altären in Portugall wieder werde stehen sehen. Doch ich will bald wieder sehen, ob ihr euch in eine gleiche Fassung setzen könnet, wenn ich euch erzehlen werde, was seit dieser Zeit sich mit euren Mitbrüdern zugetragen. Die Gerechtigkeit des Königs in Portugall war in Ansehung eurer diesmal unbeweglich, und konnte nicht Gnade vor Recht gehen lassen, weilen die Verbrechen allzu groß waren, und die Jesuiten es allzu sehr übertrieben hatten, daß der König alles, was er seiner Crone und Ehre schuldig ist, selbsten würde verletzt haben, wenn er verschonen hätte wollen.

Malagrida. Ach! sollte sich denn nicht der Geist des Stiffters unserer Gesellschafft, des H. Ignatius Lojola für seine Söhne ins Mittel geschlagen haben, daß er dem König erschienen, und ihme die Wolthaten, die Gnade, die gute Einsicht der Könige, seiner Vorfahren, vorgehalten

gehalten hätte. Warum doch soll Vorbitte und Ansehen, warum soll Stärke und Witz des Stuhls zu Rom diesmal gar keine Bewegungen in dem Gemüthe dieses Prinzen erreget haben?

Charnock. Daraus könnt ihr schliessen, daß GOtt diejenige Moral verfluchet hat, welche den Fürsten an die Crone und den Hut greiffet; und auf welche Verdienste und welche Reinigkeit konntet ihr wohl trotzen, daß der heilige Ignatius sich um diejenige Söhne annehmen sollte, von denen sein nachgelassener Oberhirte, der P. General, öffentlich gestehet, daß ihre Brüder sie verabscheuen. Waret ihr doch selbst so verwegen, daß ihr euch den theuren Knecht GOttes nennen liesset, und daß ihr die Person eines Propheten gespielet, der aus einer heimlichen Offenbahrung bey den geistlichen Uebungen und Zusammenkünften mit einer gezwungenen Heiligkeit geweissaget, daß der HErr den Tyrannen bald hinraffen, und nicht über den Monat diesen verborbenen Baum, der den Ländern Schatten geben sollte, stehen lassen würde; und zu gleicher Zeit hattet ihr den höllischen Rath in den Clöstern des Heil. Rocco und des Heil. Antonio zu Lisabon mit einigen Grossen des Reichs geschmiedet, was GOtt nimmermehr billiget, und der Satan auszuführen wohl öfters gezittert, an dem König zu vollziehen. Sehet es als eine Göttliche Vorsehung an, daß derjenige König, den der Pábstliche Stuhl, wegen seiner sonstigen Anhänglichkeit an ihn, den Allergetreuesten benennet, den Eifer seiner Treue für das Wohl der Kirche bey einem solchen Umstand erweisen müssen, wo er die Boßheit mitten im Kern heraus ziehen und ausrotten sollte. Rechnet es nur zu dem StrafRecht der Göttlichen Gerechtigkeit, daß auf der Welt kein Mittel mehr zu finden war, euch von dem Zorn-Gerichte zu erretten, und daß ihr und euer Mitbruder, da ihr vorher von der Reinigkeit der Kirche, und von ihren höchsten Gnaden-Schätzen die Feigen-Blätter erborget, nunmehro in aufgedeckter Schande stehen solltet. Die ganze halbe Welt mußte im Krieg eben zu der Zeit seyn, da ihr das Ansehen und den Nachdruck der größten Höfen am stärksten hättet verspühren sollen, und wo man bey so viel andern Gegenständen euch selbsten überlassen, und jeder

Hof

Hof es als zu kützlich angesehen, sich in eure Angelegenheit zu mischen; Frankreich machte selbsten grosse Augen, als es die Beweise eurer schwarzen Thaten vorgelegt fand. Diese Crone wurde auf sich selbst hiebey aufmerksam, und wenn Damiens, der verruchte Bösewicht, aber unser jetziger Camerade, noch am Leben gewesen wäre, so würde er eine neue Folter auszustehen gehabt haben, ob er nicht seine Träumereyen aus den einschläfernden Bezauberungen derer hergeholet, von denen man zu Rouen und Amiens solche Sätze der lehrbegierigen Jugend einflössen sehen, welche die Porismata von der practischen Philosophie der Jesuiten in Portugall in sich enthielten, die den Königen zu Halse gehet. Spanien war mit seinem kranken König bey dem Anfang eurer Troublen selbsten krank, und fühlte noch die Wunden, die ihm in Paraguay von den Jesuiten geschlagen worden; Es wartete selbsten mit Verlangen darauf, welche Entscheidung der Pabst bey einem Fall thun würde, desgleichen sein Archiv kein Beyspiel gehabt. Diese beyde mächtige Stützen waren dermalen für euch schwache Rohr-Stäbe in den Händen, durch die von euch selbst aufgethürmte Fluten zu gehen. Von Neapolis und Sicilien konnte keine Hülfe für euch kommen, denn dorten läßt man den Ordens-Geistlichen noch weniger, als den Bischöffen, dasjenige zu, welches der König von Portugall mit einem kalten Blut würde angesehen haben, wenn ihr eure Begierde nur auf so viel eingeschränkt hättet. Der Pabst konnte nicht, wie er wollte, wenn er auch alle Decreta und Bullen seiner Vorfahren zum Besten vorgewiesen hätte. Er sahe keinen Ketzer vor sich, der den Augapfel der Kirche ohne Ursache angegriffen hätte. Er fand das Verfahren allzu regelmäßig, als daß er sich die Untersuchung der Sache lediglich alleine vorbehalten hätte, und, wo er säuberlich und gelinde verfahren wollte, sahe er die Decreta seiner Vorfahren wider sich, welche von Zeit zu Zeit wider die unruhigen Jesuiten ergangen. Ueber dem Laster der beleidigten Majestät waren diese Geistlichen nicht etwann nur in einer Art ergriffen, daß man etwann blos bey ihnen nur eine Rachbegierde wider den König und die Ministers hätte vermuthen können. Nein! die Jesuiten, welche am meisten

F zu

zu sagen hatten, welche Gewissens-Räthe der Königlichen Familie gewesen, welche als lebendige Heilige vor dem Volk waren, diese waren rachgierige Rebellen, Räuber der Königlichen Crone, Wucherer im höchsten Grad, Heuchler, welche Religion und GOtt zu ihren verbotenen Absichten brauchten, und selbst abscheuliche Königs-Mörder. Der heutige Pabst, Clemens XIII. befand, daß der Weg, mit Authorität dem König zu widersprechen, und ihme die Gewalt, über Verbrechen zu erkennen, einzuschränken, die vorher erwiesen waren, ehe man nach den Schuldigen gegriffen, eben der gefährlichste wäre, der in der ganzen Kirche Unordnung einführen könnte. Sein Vorfahrer, dessen Andenken er eben so wenig wird beleidigen wollen, als er solches nicht thun könnte, ohne der allgemeinen Hochachtung aller Welt zu nahe zu treten, hatte bey dem ersten Anfang, als König Joseph noch mit Mäßigung und unter Gelassenheit, von dem Päbstlichen Stuhl alle Vorschläge anzunehmen, die nur immer der Königlichen und der Jesuiten Ehre sönderlich wären, in der Sache verfuhr, den P. General und die Obern der Gesellschafft nicht dahin vermögen können, daß sie noch zur rechten Zeit Hand ans Werk gelegt, die Visitatores hingeschickt, die Schuldigen zurück berufen, und dem Königlichen Hof Genugthuung gethan hätten. Vielmehr mußte der Pabst durch eine Congregation von 5. Cardindlen, denen er 5. der vornehmsten Rechts-Gelehrten beysetzte, nur berathschlagen lassen, nicht, was zu beklagen wäre, sondern wie dem Uebel abgeholfen werden könnte.

 Malagrida. Der Pabst mußte allerdings in eine grosse Verlegenheit gerathen, als er sahe, wie man zu Lisabon der Verfolgung gar keine Gränzen setzte, und auf keine Vorstellung in etwas einige Rücksicht hatte. Es erschien eine Apologie der Jesuiten, welche an dem Hof zu Neapel von einem ausländischen Minister bekannt gemacht, und auch an den Kayserlich-Königlichen Hof zu Wien überschicket worden. Jedermann, der bishero von der Verschwörung meiner Mitbrüder wider den König von Portugall redete, gründete die Muthmassung auf die in Paraguay etablirte Handlung, auf die angebliche Aufwieglung der vorigen

tigen Unterthanen, und daß die Jesuiten statum in statu formiren wollten. Wenn dieses richtig wäre, so glaubte man das erstere um so leichter, als es eine Folge zu seyn schiene, daß, wo man dem König von Portugall oder dem von Spanien aus ihren Cronen einen Stein entziehe, auch noch desto eher trachten würde, wie er das Haupt, so die Crone trägt, als die stärkste Hinderniß, aus dem Wege räumen mögte, und daß, da der Hof zu Lisabon hefftiger als der zu Madrit ans Werk gieng, auf diesen die Rache desto ehender losbrechen würde. Lasset mich euch und mehr andern den Traum benehmen, den ihr bishero gehabt, und sodann könnet ihr auf das andere schliessen, ob nicht auch mit der Verschwörung, die man uns beygemessen, unsere Feinde mehrern Antheil, als wir, gehabt haben.

Charnock. Warum springt ihr doch so schnell von der Ordnung ab, in welcher ich euch erzehlen wollte, wie alle Bemühungen eurer Gesellschafft nichts mehr geholffen, die Gerechtigkeit des Königs in Portugall in ihrem Lauf aufzuhalten? Doch ich bin nicht so vergeßlich, daß ich nicht den Faden wieder anknüpfen könnte, den ihr abgerissen.

Malagrida. Die Engeländer hatten, in der Absicht, sich in dem Südlichen Theil von America vest zu setzen, ihr Vorhaben dem Portugiesischen Minister, Don Caravalho, zu erkennen gegeben; und hiebey einen grossen Vortheil für die Englische und Portugiesische Nationen vorgegeben, im Fall Spanien beredet werden könnte, unterschiedene durch die Jesuiten errichtete Pflanzstädte an Portugall gegen die ihm zugehörige Pflanzstadt vom Heil. Sacrament abzutreten. Die verstorbene Königin von Spanien, als eine Schwester des Königs von Portugall, wurde in das Geheimniß mit eingezogen. Diese hatte aus Liebe zu ihrer Nation und ihrem Bruder bey Vorstellung dieser Auswechslung alles mögliche beygetragen, um selbige ins Werk zu bringen. Sie zogen die meisten vom Ministerio auf ihre Seite, ja endlich den König selbsten, und wurde dahero die Auswechslung im Rath beschlossen, ohnerachtet der gegenseitigen Vorstellung des Spanischen Staats-Ministers, las Enfenadas. Gleichwol wollte der König, daß man, ehe er

den

den Tausch unterzeichnete, die Spanische Verwalter von selbigem Ort zu Rath zöge. Die mehresten von diesen waren schon gestimmet, wie sie klingen sollten, und antworteten, wie dieser Tausch Spanien zum größten Nutzen gereichete, zumal da die Pflanzstadt vom Heil. Sacrament den Contrebandiers zum Aufenthalt diente, deren Schiffe öfters den See-Machten entwischten. Der Verwalter beredete hierauf den P. Provinzial von den Jesuiten in Paraguay, seinen Bericht zu unterzeichnen. Auf dieses unterschrieb der König den Contract wegen der Vertauschung. Da indessen die Jesuiten in Paraguay von der Unterzeichnung ihres Provinzials benachrichtet wurden, bestunden sie bey diesem Pater auf einer Provinzial-Congregation mit Hinzuziehung der ältesten Missionarien und Consulten dortiger Provinz. In dieser Versammlung wurde beschlossen, man sollte dem Hof von Madrit die Unthunlichkeit dieses Tausches, und die schädlichen Folgen, so Spanien hiebey zu besorgen hätte, vorstellen; nemlich wie die Wilden die Portugiesen für ihre ärgsten Feinde hielten, niemals sich an selbige ergeben, sondern vielmehr in ihre Wüsteneyen zurück kehren würden; wie ferner, wenn diese Auswechslung vor sich gehen sollte, die Innwohner des Gebürges, weil sie kein ander Land für die Saat, und keine Weyde für das Vieh, als in denen an Portugall abgetretenen Ebenen hätten, sich genöthiget sehen würden, an die Portugiesen zu übergehen, und Spanien also weit mehrere Pflanzstädte verliehren würde, als es überlassen wollte. Aber die Königin und die von ihr eingenommene Räthe sahen diese Patres, die es so redlich mit Spanien meynten, als ehrsüchtige Leute an, die ihre Herrschafft über die Wilden beybehalten, und sich dem Königlichen Interesse widersetzen wollten; ihr Bericht wurde verworfen, und man sandte Bevollmächtigte, um die Gränzen zwischen den Spanischen Landen einzurichten, ingleichen gemessene Befehle an die Verwalter, daß sie den Commissarien in ihren Verrichtungen überall an die Hand gehen sollten. Als der Minister Ensenadas sahe, daß alle Erinnerungen und Vorstellungen der Jesuiten fruchtlos abliefen, brachte er unter der Hand den Secretaire des Neapolitanischen Gesandten

ten zu Madrit dahin, daß er um einen Paß für einen ausserordentlichen Courier anhielte, der nach Neapel müßte abgefertiget werden; welches dieser auch ins Werk setzte. Durch diesen schickte Ensenadas an den König von Neapel den Bericht der Jesuiten, und seine eigene Anmerkungen, und riethe dem König, er sollte als muthmaßlicher Erbe des Königreichs Spanien in forma gegen den Tausch protestiren, welches auch nachhero der Neapolitanische Gesandte that. Dieses verwirrte den Spanischen Hof; die Jesuiten wurden als Urheber dieser Dinge angesehen; man gab hievon dem Portugiesischen Hof, und dieser ferner dem Gros-Brittannischen Nachricht. Hieraus entstund der Verfall meiner Gesellschafft bey Hof, die Entfernung der Beichtvätter, und der Entschluß des Portugiesischen Ministers, die Jesuiten auf Einrathen der Engeländer zu verderben. Auf dieses hat sich die Verschwörung gegen den König geäussert. Man hat vorgegeben, als wann die Jesuiten daran Ursache gewesen; aber bis auf diese Stunde hatte man noch keine Proben und Beweise davon gesehen. Der Spanische Hof hat sich auch nachher, als das Wetter zusammen geschlagen, und die Sache reiflicher übersehen wurde, eines bessern begriffen, auch die gegen die Jesuiten ausgestreueten Schmach- und Läster-Schrifften durch den Scharfrichter verbrennen lassen, und die Jesuiten werden für treue Unterthanen gehalten. Sehet ihr nun die Ursache der Ungnad der Jesuiten in Spanien, des Herrn Ensenadas, und den Grund der Portugiesischen Verfolgung.

Charnock. Diese Apologie ist schlecht gerathen. Das Kunst-Stück darinnen ist die Maxime der Gesellschafft, davon ich oben auch gesagt, daß man die Schuld von einem auf den andern wälze, damit bey der Untersuchung ein ewiger Labyrinth sich zeigen möge. Ich finde aber von dem getriebenen Handel, dessen ihr überführet worden seyd, da man eure Magazins ziemlich angefüllt angetroffen, kein Wort gedacht. Ensenadas, der kluge Staats-Minister, wird euch schlechten Dank wissen, daß ihr ihn als eine Marionette beschreibet, den ihr an den Faden leiten können; daß ihr ihn beschreibet, wie er den Geheim-

schreiber

schreiber der Neapolitanischen Gesandtschafft zum Dienst wider das Interesse von Spanien gebrauchet; und daß ihr ihn als einen Träumer und Intriguenmacher gegen das Ministerium, und als einen Mann, der mit den Ketzern unter einem Hut spielte, abgeschildert. Der Verfasser dieser Apologie muß bessere Data hervor bringen, wenn er die Welt glaubend machen will, daß die Engeländer einen Ascendant über die verstorbene Königin von Spanien gewonnen haben; und es würde, wenn diese Princeßin daran Theil gehabt hätte, der verwittibten Königin von Spanien eben so wenig verborgen, und von dieser ungeahndet geblieben seyn, als mehr sie jederzeit eine grosse Stütze von eurer Gesellschafft gewesen, und von derselben ebenfalls in ihren Anschlägen vielen Nachdruck empfunden. Man weiß die Umstände gar wohl, in welchen die verstorbene Königin sich befunden, und Ensenadas mit den Jesuiten würden eben keine Mühe gehabt haben, diesen Tausch zu verhindern, da der König zumal in den Affairen seiner Crone mit Portugall ohne Beyrath seiner Mutter wenig gethan. Dies ist leicht zu glauben, daß der Pabst es bey dem Hof zu Madrit dahin gebracht hat, daß die Schrifften, so über eure Gesellschafft hervor getreten, verbrannt werden mußten. Damals war man noch in der Hofnung, die Sache mit Portugall zu vergleichen; der P. General war mit den Cardinälen noch in Præparatorio, wie man das in der Kirche gegebene Aergerniß niederdrucken mögte; der Hof zu Lisabon war auch noch nicht mit der Historie des Processes vor der ganzen Welt hervor getreten, und der Proceß selbsten hatte noch kein Ende. Privat-Scribenten, wenn sie auch wahre und nützliche Schrifften von einem Facto hervor geben, dörfen doch nicht grossen Höfen in Ansehung der Zeit vorgreifen, bis diese ihre Gesinnungen mit Unterstützung ihrer Authorität bekannt machen, und eure Verbrechen waren in Spanien nicht so weit, als in Portugall, gegangen; überdies war der Anhang des Staats-Ministers Ensenadas noch mächtig genug, solche Schrifften zu unterdrucken, in denen man dessen getriebene Negotiationes getadelt fand. Mit dem Pabst wollte man es nicht verderben, weil man durch Connivenz, solche Schrifften in den Händen des Volks zu lassen,

gleichsam

gleichsam ihm vorgegriffen hätte, da er in der Untersuchung der Sache selbst begriffen gewesen, und der Hof konnte es heimlich in der Stille mit Zufriedenheit ansehen, was die Sache endlich in Portugall für ein Ausfehen gewinnen würde, wo es alsdenn allemal Zeit gewesen seyn würde, das zu thun, was jetzo vielen Bedencklichkeiten unterworfen war, da man zumal mit dem Römischen Hof die Freundschafft wegen Erledigung anderer Dinge zu unterhalten Ursache hatte. Gesetzt, daß der König beeder Sicilien auch den Hof zu gleicher Zeit mit dem Pabst angegangen, diese Gefälligkeit zu erzeigen: so werdet ihr euch doch erinnern können, daß in dergleichen Fällen solche Courtoisien der Hülfe allemal gerne gegeneinander erzeiget werden, weil einer des andern bedarf, und der Privat-Scribente ein Nulle ist, auf welche der Blick eines Hofs bey seiner grossen Staats-Rechnung nicht einmal gehen mag.

Malagrida. Ihr habt in einer ziemlich spitzfindigen Schule eure Raisonnements erlernet. Mein Freund! genug ist es, daß der Pabst gar wohl einsahe, wie sein Vorfahrer und er selbst durch das Ansehen des Lisaboner-Hofs allzu streng von den Jesuiten gedacht, und konnte daher nicht geschehen lassen, daß man nur immer durch Bausch und Bogen zufuhr, und erst, wenn man eine Gewaltthätigkeit begangen, gleichsam nur Ehren halber zu Rom solche anzeigte, und in Dingen, die nicht mehr zu ändern stunden, dem Pabst es überließ, was er zum Heil der Kirche ferners haben wollte. Nimmermehr kann ich glauben, was mir ohnlängst jemand erzehlet, daß der Pabst durch den Schluß einer gehaltenen Congregation dem König ein Breve habe zufertigen lassen, in welchem er ihm die Gewalt überträget, wider die des Hochverraths schuldige Geistliche in allen seinen Staaten peinlich zu verfahren, woferne nur der Päbstliche Nuntius des Römischen Stuhls und der Patriarch von Lisabon bey denen anzustellenden Untersuchungen mit dazu gezogen würden.

Charnock. So geschwind gehet es zu Rom nicht; denn der P. General bat immerzu, daß man in dieser so wichtigen Sache sich ja nicht übereilen möge. Aber an und vor sich hat der Pabst dem König dieses

dieses Recht nicht einräumen dörfen, da er es ja schon gehabt, und Pabst Gregorius der Drezehende den 15. October 1583. den Königen von Portugall es zugelassen, daß die Bischöffe in seinem Reich wider alle Geistlichen, die sich des Lasters der beleidigten Majestät schuldig gemacht, verfahren, und sie den weltlichen Richtern nach Befinden zur gebührenden Strafe übergeben dürften. Man weiß aber, wie solche grosse Proben der Wohlgewogenheit eines Pabsts, die er um so viel lieber den Prinzen ertheilet, als sie ihn darum nicht leicht begrüssen werden, wenn der Fall würklich vorhanden ist, mit äusserster Seltenheit in die Erfüllung gehen, und ich sehe es aus eurem Lächeln, daß ihr auf dies Breve, davon die Rede ist, selbst nicht viel haltet, denn das wäre unerhört, wenn die Jesuiten von den Bischöffen sich sollten richten lassen.

Malagrida. Eben aus diesem Breve Gregorii des Dreyzehenden könnt ihr abnehmen, daß es von dem Päbstlichen Stuhl keinem Prinzen anderst zugelassen seye, diejenige, so sich an ihm vergriffen, zur Strafe zu ziehen, als wenn sie durch einen geistlichen Richter derselben schuldig zu seyn erkannt werden. Der Pabst kann von dem Recht des Päbstlichen Stuhls nicht weichen, und es wäre unerhört, wenn man dem weltlichen Arm eine weitere Gewalt einräumte, als nur blos, was die Geistlichen beschlossen, zu vollziehen. Aber, wenn kommt der Spruch der Geistlichen zu Stande, daß sie aus einem ganzen Orden die vornehmsten Rädelsführer der weltlichen Gewalt ausliefern sollten? da sie ja alles Aergerniß in der Kirche vielmehr vermeiden sollten.

Charnock. Das ist, daß sie ja die Laster verbergen, und unter diesem Vorwand der Gerechtigkeit das Opfer entziehen sollen. Nein, mein Freund! der König Joseph wußte gar wohl, wie weit seine Treue gegen den Päbstlichen Stuhl gienge, aber den Raub seiner Crone in dem Rachen anderer zu sehen, und ihnen noch Unterhalt zu geben, wäre die niederträchtigste Gefälligkeit, die auch dem geringsten Unterthan einen Eckel verursachen müßte. Es könnte sich daher der König die vielen Aufzögerungen des Pabsts in der Haupt-Sache nicht gefallen lassen, und ließ dem Römischen Hof- ein für allemal wissen, daß man so

wenig

wenig gesonnen wäre, einen mehrern Glimpf zu gebrauchen, und von
den ergriffenen Wegen abzustehen, so wenig es der Pabst einem König
verargen würde, wenn er fromme, redliche und ihrer Pflicht sich wohl
erinnernde Geistliche schützte, und ihnen seine besondere Gnade zuwendete. Der Proceß gieng in seinem Wege fort, und eine Bekänntniß
über die andere, welche die in Verhafft sitzende Herren vom Hof von
ihrer Collusion mit den Jesuiten gethan, entdeckte immer mehrere Verbrechen letztern, so, daß die Haupt-Anführer unter ihnen, welche nach
eurem schönen Kleeblat, in welchem ihr zwischen dem P. Riates, und
P. Johann Alexander der Mittlere gewesen, in der Reihe die nachfolgenden waren, die PP. Barnucho, Portugal, und Camera in dem
schröcklichen Loch Quinta des Bichos, wie Manasses in der Grube, zu
letzt anfiengen, weiters zu gestehen. Es war ein Glück für euch, mein
Pater! daß ihr eure Strafe ausgestanden; auf eure Rechnung kam
noch ein starker Betrag heraus, und man siehet aus den Proceß-Acten,
daß ihr eure Rolle am künstlichsten gespielet habt. Von Zeit zu Zeit
ließ der König einige Piecen im Druck hervor gehen, worinnen die gespielten Intriguen gegen seine Crone, sein Leben, und die auch zu Lisabon im Vorschlag gewesene Rebellion vorgestellet, aber auch gewiesen
wurde, warum der Hof so und nicht anderst mit den Jesuiten verfahren könnte. Endlich kam ein sogenanntes Concessions-Breve von Rom,
daß der König mit Zuziehung des Cardinal-Patriarchen die Schuldigen zur Strafe ziehen sollte, und dabey hatte der Pabst, um noch mehr
Achtung gegen diesen Prinzen zu bezeigen, vier Prälaten vorgeschlagen,
und dem König die Wahl gelassen, den ihm angenehmsten zu benennen,
welcher darauf nach Lisabon gehen sollte. Nunmehro aber war es zu
spat; die Langmuth des Portugiesischen Hofs war ermüdet; er hatte
lange genug nachgegeben, und allzu viele Mäßigung bewiesen, als es die
Umstände erfordert hätten; Kurz, das Concessions-Breve wurde zurückgesendet, und die vier zur Nunciatur ernannte Prälaten verworfen. Es war genug, daß der Cardinal-Patriarch nach den Gesetzen
des göttlichen Rechts, und blos nach dem Buchstaben der vorhandenen

G Päbstli-

Päbſtlichen Breve gehandelt, und den Proceß durch ſeine ſubdelegirten Viſitatores inſtruiret, und die Confrontationes der Schuldigen untereinander abhalten laſſen. Es war genug, daß der Hof ſich durch die Bekanntmachung der zu dem Proceß gehörigen Stücke, und der Ausſagen der Jeſuiten ſelbſten vor der ganzen Welt rechtfertigte, und ſein rechtliches Verfahren bewieſe. Endlich brach das Ende aus, welches der Ernſt des Monarchen dieſen rebelliſchen Geiſtlichen zugedacht hatte, und die Rechte ihnen beſtimmet hatten.

Malagrida. Ach! daß man doch die Mutter nicht hören wollte, und die Kirche ſo wenig achtete, da ihre Söhne, der Schuldige mit dem Unſchuldigen, dahin gerafft wurden. Ich erzittere vor Schrecken, wenn ich höre, was das ſtrenge Schickſal meinen Mitbrüdern für einen Ausgang zubereitet habe.

Charnock. Der dritte September 1759. war ein ſolenner Tag durch das ganze Königreich Portugall; alle Kirchen ſtunden mit der größten Feyerlichkeit offen, und die Prieſter an den Altären frolockten; da die Jeſuiten ihre Kirchen hingegen voller Finſterniß ſahen, und ſich nicht hinzu nahen durften, ihr Gepränge ſehen zu laſſen, auch an eben dieſem Tag das Straf Gerichte über den ganzen Orden ergienge. Für die im vorigen Jahre an dieſem Tag beſchehene Entdeckung wurde ein ſolennes Dank-Feſt angeſtellet, und zugleich ein Edict wider die Jeſuiten publiciret, nach welchem ſie aus allen Portugieſiſchen Landen in Europa und den übrigen Welt-Theilen auf ewig verbannt, und ihrer in denſelben gehabten Güter, Häuſer, Einkünften, und ſonſtigen Vermögens vollkommen entſetzet wurden; anbey war auch darinn enthalten, daß nun an den übrigen, die noch im Gefängniß ſitzen, die Execution vollzogen werden ſollte. Den 17. September wurden 187 auf ein Schiff von Raguſa gebracht, welches ſie unter Bedeckung eines Kriegs-Schiffes nach Civita Vecchia bringen ſollte, die, die man zu einem zweyten Transport ſparte, wurden in den Gefängniſſen zurück behalten; die, ſo bey den erſten waren, ſind die Patres in dem Collegio von St. Anton geweſen, und ihr Noviciat-Haus wurde den

Gängern der Patriarchal-Kirche zu einer Schule eingeräumet. An den Cardinal-Patriarchen ergieng ein Königliches Schreiben, so ebenfalls durch den Druck bekannt gemacht ward, darinnen diese Ordensleute als Verräther und Rebellen erkläret werden, und wie der König sie der Naturalisation für unwürdig erkläret. An alle Gerichte, Räthe und Beamten ließ der Hof eine Verordnung fügen, in welcher die Ursachen zu erkennen gegeben wurden, warum der König also verfahren, und zugleich allen Unterthanen bey Todes-Strafe verbieten lassen, nicht den geringsten Brief-Wechsel oder Handel mit ihnen zu führen. Nicht weniger wurde vom Hof aus eine Schrifft mitgetheilet, welche den zweyten Theil der Portugiesischen Anmerkungen über die Sache der Jesuiten ausmachte.

Malagrida. Ich habe davon gehöret, wie diese arme unglückseelige Schaafe nach Italien abgeschicket, und an den P. General consigniret worden. Sie giengen freylich leer aus, und man kann von Alicante, wo das Schiff, welches sie führte, in den Haven eingelaufen, um Lebens-Mittel und Erfrischungen einzunehmen, nicht genug melden, welche starke Rührung ihr betrübtes Schicksal bey den Innwohnern verursachet, daß sie auch eine Sammlung angestellet, um ihnen das Benöthigte zu ihrem fernern Fortkommen auf der Reise zu verschaffen.

Charnock. Auch auf dieses hatte der Hof zu Lisabon gesehen, daß man nicht unterlassen würde, ihme Schuld zu geben, daß die Jesuiten, nachdem man sie ausgescheelet, mit dem leeren Sack, und in dem elendesten Zustand abgeschickt worden wären. Der Capitain von Ragusa, der das Schiff commandirte, mußte einen ausführlichen Bericht von seiner Fahrt an den Hof erstatten, und dieser kam in Französisch- und Portugiesischer Sprache ebenfalls zum Vorschein. Nach demselben siehet man das Elend nicht, in welchem diese Patres abgereiset werden sollen, sondern sie waren mit allem wohl versehen, ein- und aufgeschifft. Es erhellet dieses nicht nur aus der Liste des Embargo, so diesem Schreiben mit beygefüget ist, sondern auch aus den Aussagen etlicher Zeugen, daß darunter eine Menge Coffres von ziemlicher Schwere und mit Geld angefüllt sich befunden; und die Berichte von Civita-Vecchia und von Frascati können nicht genug rühmen, wie der zeitliche Seegen mit diesen Pilgrimen ans Land gestiegen, und wie zumal am letztern Ort die Portugiesische Gold-Stücke von einer Hand in die andere gehen.

Malagrida. Es konnte der Hof zu Rom die Sache nicht mehr so gleichgültig ansehen, da man zu Lisabon alle Achtung auf die Seite gesetzet hatte. Diejenige Schrifft, von welcher Ihr oben Erwehnung gethan, erregte bey den Cardinälen einen grossen Verdruß, zumal der Portugiesische Minister solche öffentlich austheilen ließ, und als man deren Debit verhinderte, eine gehäuffte Menge Exemplarien in seinem Quartier durch seine Bediente verkaufft wurde. Es gieng endlich die Hefftigkeit des Portugiesischen Hofs so weit, daß dessen Minister erklären mußte, wie sein Hof künfftig wegen dieser Angelegenheit gar nichts mit dem Cardinal-Staats-Secretario Torregiani communiciren lassen würde. Doch fahret fort, mir ferner zu erzehlen, was sich mit diesen guten Patribus zugetragen.

Charnock. Sie hielten zu Civita-Vecchia Quarantaine; mittlerweilen der P. General bey dem Pabst Vorstellung that, wie das Profeß-Hauß zu Rom wegen bekannter Armuth nicht im Stande seye, diese von allen Mitteln entblößte Mitbrüder aufzunehmen. Indessen ließ der Pabst einige nahe um Rom gelegene Gegenden aussehen, wo diese ehrwürdigen Vätter so lange ihren Aufenthalt finden mögten, biß sie irgendwo wieder ein Gosen antreffen, wo ihnen nach so vielen Bekümmernissen die Hofnung besserer Zeiten wieder anscheinen könnte.

Malagrida. Für den P. General ist es in der That eine grosse Verwirrung, daß er die Ueberbleibsel von dem Priesterthum, welches seine Gesellschafft in Portugall so viele Zeit mit so vielem und grossem Ruhm getragen, nun vor seinen Augen, als verlassene und vor der Welt verscheuchte Schaafe ansehen muß. Aber noch schwerer wird es ihm fallen, wenn er Sorge tragen soll, aus den mittelmäßigen Einkünften der Societät zu Rom so viele Gäste zu unterhalten.

Charnock.

Charnock. Sagt mir nur nichts von der Armuth des Profeß-Hauses zu Rom. Ist es nicht ein Unglück, daß eure Mitbrüder euch noch bey so offenbar in der Welt bekannten Zeugnissen, wie es um sie in ihrem Handel, Gewerb und andern Nebendingen, die Geld abwerfen, mit der Armuth prahlen wollen, so, daß sie auf der einen Seiten Gewinnst vom Handlen, und auf der andern vom Betteln haben. Diß darf nicht erst bewiesen werden, daß das Profeß-Hauß zu Rom, ein Jahr in das andere gerechnet, nur allein 15-16000. Scudi von Almosen ziehet. Der meiste Theil der Heil. Fürsten, Cardinäle, Prälaten, ꝛc. sind schon angesetzet, alle Monath den herumgehenden Jesuiten etwas gewisses zu geben. Und da redet man nicht von Groschen, sondern es ist bekannt, daß ein Prälat monathlich 30. Scudi zu bezahlen hat, und ich wollte darauf schwören, daß, wenn ein solcher ihnen ein Almosen von einem oder zwey Pauli geben würde, sie es wohl gar, als zu wenig, und dem Verdienst und der Ehre der Gesellschafft nicht gemäß, wieder zurück geben werden. Die Armuth und Demuth streiten bey eurer Societät um den Vorzug. Sie stellen sich arm, und spielen mit der Freygebigkeit ihrer Wohlthäter, und ihre Reichthümer und Einkünfte werden nicht so beneidet, als die Schätze der grossen Herren, und leiden keinen Abgang, sondern vermehren sich beständig. Aber wer weißt nicht in Rom die öffentliche Banco, so die Jesuiten in ihrem Profeß-Hause eben sowohl, als in andern Haupt-Plätzen von Europa halten? Es werden wenige seyn, die eine Wechsel-Handlung haben, die nicht sollten Wechsel-Briefe von den Jesuiten oder ihrem Banco in Händen gehabt haben. Sie gewinnen auch mehr in einem solchen Handel, als weltliche Kaufleute, weil sie im Ankaufen und Debit der Waaren grössern Vortheil haben, von vielen Abgaben frey sind, und weniger auf die Kosten verwenden, und, was am meisten zu schätzen ist, die Waaren theurer verkauffen, unter dem Vorwand, daß sie besser wären. Die beständigen Wunderwerk der Armuth der Jesuiten aber sind vor Jedermanns Augen. Ist nicht das erstaunliche Gebäude der Rufinella, welches von Grund aus aufgeführet worden, damit die armen Jesuiten darauf sich lustig machen können, und diese nothdürftige Leute mehr als 100000. Scudi gekostet hat, ohne sich wehe zu thun, ein grosses Wunder? der Pallast von Carolis

Carolis, den sie erkauft haben; die viele würkliche Zinnse von den Mönchs-Orden; die Land-Güter in Rivoli, Frascati, Castel Gandolfo, Albano, ja in der ganzen Gegend von Rom, sind diß nicht auch Wunder der Armuth?

Malagrida. Ihr verfallet sogleich auf Nebendinge, die mit der Haupt-Sache keinen Zusammenhang haben, und zeigt euch als einen der abgesagtesten Feinde wider eine ganze Gesellschaft, die euch billich einen Abschaum der Bosheit nennen könnte, da bey euch gar keine solche Bewegungs-Gründe vorgekommen, welche über die menschliche Natur sonst einen Anfall haben. Ich muß mich nur gewöhnen, eure Spöttereyen mit Gedult zu ertragen, wenn ich anderst von dem Schicksal meiner Mitbrüder Nachricht haben will.

Charnock. So glücklich bin ich nicht von einer Materie auf die andere zu springen, wie ihr nach eurer Dialectic gelernet habt. Es ist gut, daß es hier nichts hilft, denn sonst würde eure Sophisterey bis in Ewigkeit fortgehen. Ich wollte euch nur erweisen, wie die Welt es schwerlich glauben könne, daß die Jesuiten zu Rom nicht ein Vermögen hätten, ihren Pilgrimen das Gast-Recht auf einige Zeit angedeyhen zu lassen. Es mag auch diese letztern die Verächtlichkeit gegen sie zu stark zu Gemüth gedrungen seyn, oder es mögen die Brüder zu Rom, mit denen sie in der Fremde gewesen, sich gezanket haben, daß diese in dem Weinberg, wo sie gestanden, mit Schaden und Schande gearbeitet, und ihnen nun auf den Rücken heimgefallen wären: Genug, es erhub sich ein Zank unter den Brüdern zu Rusinella, daß der Pabst würklich bey der Haupt-Sache nun einen Neben-Punct hat, den er wieder mit vieler Mühe entscheiden muß.

Malagrida. Wo ist eine Communität, wo sich nicht bisweilen ein kleiner Zwist ereignet. Ich war oft selbsten darüber gram, daß unsere Mitbrüder zu Rom während unserer Troublen die Hände allzuviel in den Schooß gelegt, und im Schiff der Kirche, da es fast mit Wellen bedeckt war, so sicher schlieffen. Hätten sie durch den Päbstl. Stuhl besser im Anfang darauf gesetzet, daß der König von Portugall Ernst gesehen hätte: so würde es noch verhütet worden seyn, wider das nun, wie ich sehe,

sehe, keine Rettung mehr vorhanden ist, wie man ihm abhelfen könnte. Doch! wohin ihr nunmehr vergeblichen Seufzer!

Charnock. Die Jesuiten waren mehrentheils weggeschafft, wenigstens waren die Patres alle fort, nachdem ein zweyter Transport im Monath October unter Bedeckung drey Kriegs-Schiffe abermal nach Civitavechia abgefahren war. Jedoch handelte der König noch mit Gnade, und ließ bey 100., die sich in den Gefängnissen zu Apetam befunden, die Freyheit angedeyhen, als sie die Erklärung gethan, daß sie den Ordens-Habit, wie auch das Institutum ihres Ordens verlassen wollten. Sie haben nun die Erlaubniß, entweder sich einen andern Orden zu erwählen, in den sie tretten können, oder ihre Studia, ohne irgend einem Gelübde verbunden zu seyn, fortzusetzen, oder sich der Kirche durch Ergreiffung des Welt-Priester-Stands wiedmen zu dörffen.

Malagrida. Das sind die, welche noch nicht das letzte Gelübde gethan. Von den Patribus wird keiner sein Gelübde so weit hintansetzen, daß er einen Schritt zurück gesetzet hätte. Doch, auch diese 100. können noch mit der Zeit gesegnete Werkzeuge werden, daß den Jesuiten ein neues Glücke in Portugall aufgehet, und sie mit eben dem Triumph wieder zu Lissabon einziehen, als vor 200. Jahren die Jesuiten gleich-wohl wieder in Frankreich zur allgemeinen Freude des Reichs ihre Ruckkehr genommen hatten.

Chronock. Ich glaube, es seye euch Verheissung gegeben, daß euer Saame niemals und nirgends untergehen könne. Spahret euere Freude. Man setzt euch in Portugall keine Schand-Säulen, aber zu tausenden sind die Schrifften in die Welt gegangen, die man euch und euren Mitbrüdern der Nachwelt einstens als Wunder vorlegen, die, wenn sie nicht durch das Königliche Ansehen beglaubiget wären, schwerlich Glauben finden würden. Dies gebe ich zu, daß, wenn die Gebrechen eurer Gesellschafft gebessert sind, und eure Nachkommen nach einem dritten Menschen-Alter sich so erzeigen, daß die Krafft des H. Ignatii Lojola ihnen die Salbung seines Geistes mitgetheilet haben wird, Portugall endlich seine Gränzen nicht gegen sie verschliessen mögte. Aber es

werden

werden zu viel Dinge vorausgesetzet werden müssen, wenn dieses zur Würklichkeit kommen sollte. Doch ich will weiter mit meiner Erzehlung fortfahren. Es kamen immer noch neue Verbrecher in Verhafft, und wenig Tage hernach, als die Jesuiten abgegangen waren, wurden vier andere Priester, die von Basia aus America gekommen, mit Arrest belegt, und nach dem Fort Jonqueira gebracht. Mit den weltlichen Herren, so in Correspondenz mit euch gestanden, als dem Marquis von Alorna, dem Grafen Onidos, dem Grafen Ribeira, und dem Grafen von Tavora Emanuel, und noch andern, gieng indessen die Sache zu Ende, und sie wurden mit verhüllten Angesichtern zu Lisabon auf ein Jagd-Schiff gebracht, um zur ewigen Gefangenschafft nach Magazan in Africa geschickt zu werden. So weit kam es in dem Jahr 1759. Der Hof war übrigens nicht damit zufrieden, daß er bisher von Zeit zu Zeit die so viele Schrifften zur Justification seines Verfahrens bekannt machen lassen, sondern es wurde auch Anstalt gemacht, alle Acten des Processes mit den Jesuiten zusammen zu drucken, und solche der Welt bekannt zu machen. Diese Sammlung enthält folgende Stücke: 1. die Rede des Procurators der Crone über die Jesuitische Uebelthaten; 2. die darüber von dem König an den Pabst gestellte Schreiben; 3. Sr. Heiligkeit darauf eingeschickte Antworten; 4. der Jesuiten eigene Bekänntnisse, wodurch ihre schwarze Thaten offenbahrer, als der weise Schnee, geworden; 5. die Verordnungen und Urtheils Sprüche in der Sache; und 6. die gänzliche Exterminirung dieser Leute, die nun wie eine ansteckende Seuche in Portugall angesehen worden. Ferners ergieng ein Königl. Edict, daß hievon an alle Magistrats Persohnen der Städte und Flecken im ganzen Königreich ein Exemplar geschicket, und dasselbe in einem mit 3. verschiedenen Schlössern verwahrten Cassette aufbehalten werden sollte, damit alle diejenige, die es künftighin verlangen möchten, von der Richtigkeit dieser Verordnung überzeugt werden können.

Malagrida. Ich erstaune, solche ganz seltene Dinge von euch anzuhören. O! wie wird sich das harte Schicksal noch mehr verhärten, daß meine unglückseligen Mitbrüder noch länger in der Welt selbst verfolget werden?   Charnock.

Charnock. Getrost, mein Freund! von der Ferne leuchtet noch ein Stern, der wenigstens in der Finsterniß eures Schicksals noch so viel leuchtet, daß ein Theil eurer Mitbrüder ein Stoßbret erlangen kan, durch die Fluten zu kommen. Es heisset, daß die Sache zwischen dem Päbstl. und Portugiesischen Hof auf einem guten Fuß zu ihrer Beylegung stehe, und , , , ,

Malagrida. O! gütiger Himmel! so hast du doch noch dem strengen Caravalho das Herz gelenket, daß er die wohlgemeinte Vorstellungen des Römischen Hofs wenigstens anhöret.

Charnock. Und es würde alles seine Richtigkeit erlangen, wenn es dem König gefällig seyn könnte, jährlich eine gewisse Summe Geldes zur Subsistenz der verbannten Jesuiten herzugeben, die gegenwärtig dem Päbstl. Stuhl zur Last sind.

Malagrida. Welcher Feind hat doch dieses Gedicht wieder aufgetrieben, und es uns zur Schande ausgebreitet.

Charnock. Es wäre doch ein Gedanke, welcher der Absicht der Portugiesischen Jesuiten nicht unähnlich ist, die um das Geld willen Priesterthum und Hälse gewaget, daß sie nun nach den erlittenen vielen Wunden als Invaliden versorgt werden sollen. Doch, man redet noch von einem schicklichen Mittel. Man vernimmt nemlich, daß der König von Pohlen und der Herzog von Modena nicht unabgeneigt seyn sollen, eine gewisse Anzahl dieser Geistlichen in ihren Landen aufzunehmen. In diesem Königreich ist eine ganz zahlreiche Secte von Juden vorhanden, die sich nach einem Unterricht in den Geheimnuß-Lehren des Christenthums sehnet, und der Herzog von Modena will die Studia in seinem Staat besser in die Höhe getrieben wissen.

Malagrida. Ihr seyd der feine Freund, der des Betrübten noch mehrers spottet. Es wird sich vielmehr meine Muthmassung erfüllen, daß die bisher vorgegangene scharfe Untersuchungen mit der Zeit sich legen, und der Eifer des Königs, da ihn nun das Genügen in der Uebermaas geleistet worden, sich endlich doch an dem ersättige, daß er seine Absicht mit Macht, Geschwindigkeit und zum Schrecken durchgesetzet.

O! wer

O! wer wird noch für den Riß stehen, den die Mauren von dem Zion der Gesellschafft Jesu erlitten?

Charnock. Eure Mitbrüder selbsten, die zwischen dem Schutt ihrer aufgeführten und zusammen gefallener Projecte, das Glück gehabt, ohne Zerschmetterung loß zu kommen, wenn sie jetzo umkehren, und Busse thun.

Malagrida. Seyd ihr derjenige gewesen, der ihr jetzo seyd, so ist es eines der grösten Wunder, euch, als einen Königs-Mörder in dieser Gegend einzufinden. Aber ich kenne eure Geschicht, und daß ihr zu den Verwegensten gezählet worden seyd, die mit der grösten Leichtsinnigkeit, und mehr mit Brutalität, als nur einer mindesten wahrscheinlichen Ursache den König Wilhelm den III. um das Leben zu bringen gesucht habt.

Charnock. Ich laugne es gar nicht, daß meine Bosheit, als sie auf den höchsten Grad des Aberwitzes gestiegen, eine solche That begangen, die in Ansehung ihrer besondern Umstände ganz ausserordentlich gewesen. Aber darinn bestehet mein Trost, daß ich mit dem rachgierigen und teuflischem Gemüthe eines Malagrida, mit dem Geitz eines raubbegierigen P. Matos, und mit so viel Künsteleyen und Spitzfindigkeit, Verstellung und Gleisnerey nicht zu Werk gegangen bin, so, daß ich Niemand dazu verleitet, sondern blos in einer falschen Meynung und Irrthum, daß ich einen After-König vom Thron drängen konnte, der einen rechtmässigen Herrn von demselben gestürzet, mit der ganzen Rotte an einem Strang gearbeitet, und in einer blinden Wuth glaubte, daß, was ich thäte, eine Pflicht gegen meinem Herrn, den König Jacob den II. von Engelland wäre, der mir durch die Ordre seines Abgeordneten einer Verrichtung bestimmte.

Malagrida. Ehe ihr mir den Anfang eurer Erzählung macht, so will ich im Vorbeygehen anmerken, daß derjenige Sitz, den ich und die mehresten Jesuiten, ja wohl die vornehmsten unter unsern Moralisten und Casuisten behaupten, daß Fürsten durch einen Vertrag mit dem Volk herrschen, und wenn sie aus ihren Schranken schreiten, und schnurgerad diesem Vergleich entgegen handeln, das Volk von seiner Pflicht durch das Recht losgezählet seye, und einen solchen Herrn als einen Tyrannen ansehen, ja

auch

auch einen Krieg mit ihm führen könne, daß, sage ich, dieser Satz eine Haupt-Maxime bey der Englischen Nation selbst ist, welcher die Gültigkeit der Regierung von Großbrittannien in der nun auf dem Thron sitzenden Baunschweigisch-Hannöverischen Familie, von der Prätension der Jacobiten unterscheidet. Diese hingegen behaupten hartnäckig, daß die Könige ihre Gewalt unmittelbar von GOtt, keineswegs aber von dem Volk haben, und also ungeschränkt und nach Willkühr regieren, auch von ihrem Thun und Lassen nur GOtt allein Rechenschafft geben dürfen. Sehet! wie alles auf dem Wahn der Menschen beruhet, und wie ein Haupt-Grundsatz, der das ganze System von Großbrittannien unterstützet, nur zu einer Last geleget worden, da er doch sonst in den mehresten Staaten von Europa statt findet. Ihr habt mir in euren bisherigen geführten Reden so viel bitteres davon gesaget, und eure Spöttereyen auf Kosten meiner Gesellschafft ziemlich getrieben, und ihr seyd doch selbst um des Gegensatzes willen, den ihr, als ein Jacobite behauptet, und sogar eine Verrätherey wider den König mit angesponnen, als ein grosser Missethäter getödet und erbärmlich gestrafft worden.

Charnock. Plagt mich doch nicht so sehr mit euren gelehrten Grillen. Der Satz, den ich behauptet, hat mich nicht um das Leben gebracht, aber die ungeschickte und verwerfliche Anwendung desselben, und da so viele Jacobiten ihn nicht in seiner Bestimmung, in welcher er stehet, gebrauchen, hat mancher den Hals verkürzet. Ich schreite jetzo zu meiner Geschichte, die ich um deswillen gerne erzählte, damit ich euch überführe, wie ich noch lange nicht mich mit einem Portugiesischen Jesuiten, der mit euch an einem Plan gearbeitet, messen lasse, und ich bin auch niemals von Gemüthe derjenige gewesen, der ihr waret, und seinen verdammlichen Sinn unter der Larve der Religion und das Ansehen des Priester-Stands verstecket, und mit der philosophischen Sünde ein Handwerk getrieben.

Malagrida. Wo ich mich mit einem Königs Mörder hier ins Gespräch einlasse, will er den Vorzug vor mir haben, daß er mehr Gutes, als ich, besessen habe, und ein jeder von ihnen will in der Bosheit, die ihn zum Ungeheuer unter den Menschen gemacht, geringer, als ich, gewesen

seyn.

seyn. O! Sterbliche! lernet an mir das Elend erkennen, wenn GOtt den Menschen, der ihn verlassen, in seinem Sinn dahin gegeben hat. Wohlan, mein Freund! fahret nunmehro in eurer Erzählung fort.

Charnock. Ich war der Sohn eines Edelmanns, Williams Charnock, der in der Graffschafft Middlesex zu St. Clement seine Güter hatte. Vermögen, Ansehen unter seines gleichen, und die Stelle eines Esghire, die er führte, machten ihn zu einem unentbehrlichen Mann in seiner Gegend, auf den König Carl der II. vieles hielte, und ihn, ob er schon ein heimlicher Catholicke war, bey den Wahlen seiner Mitbürger, wenn sie ein Glied zum Parlament nach Londen schicken wollten, mehrentheils unterstützte. Ich hatte von ihme eine gute Erziehung genossen, und seine Ermahnungen hatten sehr tiefe Wurzel bey mir geschlagen, meinem Herrn, dem König, mit einer unverbrüchlichen Treue anzuhangen, und bey der auf dem Thron sitzenden Familie von Stuart bis auf den letzten Blutstropfen zu halten, indem diese doch noch durchbrechen, und die alte Religion wieder einführen, dadurch aber den Seegen auf unser Vatterland erst in voller Maasse bringen würde.

Malagrida. Ein löblicher Vatter, der als ein wahrer Israelite an seinem Kind gearbeitet, aber sich die betrübten Fälle der künftigen Zeit nicht vorstellen konnte, in welche sein Sohn fallen könnte. Gehorsam gegen den Landes-Fürsten ist allezeit ein gutes und tüchtiges Opfer; aber jeder Satz leidet seine Erklärung.

Charnock. Mein Vatter war nicht behutsam genug in seinen Lehren; er hatte geglaubt, daß das Hauß Stuart nunmehro von GOtt selbsten auf dem Thron, den König Carl der Andere bestiegen, bevestiget worden wäre, und seine hartnäckige Meynung, die er für seine Religion hatte, wurde in mich eben so eingeflösset, daß ich jederzeit auch nur den, der etwas vortheilhaffter von der Römisch-Catholischen Religion gedachte, für einen zehnmal ehrlichern Mann hielte, als den, der sich zu dem Test durch 100. Eidschwüre bekannte. Ich bekam einen Jesuiten von St. Omer zu meinem Lehrmeister, der in weltlicher Kleidung, als der Verwalter auf meines Vaters Gütern, 2. bis 3. Jahr sich aufhielte, te , und was dieser mir überhaupts von der Beständigkeit in meiner angeerbten Religion beygebracht, hatte jener so starck in mir vermehret, daß ich ein innerlicher und abgesagter Feind gegen die Non-Conformisten und Presbyterianer wurde , und die herrschende Kirche in Engeland als ein Babel ansahe, welches seinen Fall von König Carl dem Andern und seinem Bruder Jacob dem Andern erwarten sollte. Bey meinen anwachsenden Jahren gieng ich mit dem Grafen Schrewsbury, der von meiner Mutter ein Anverwandter zu mir war, als er in Gesandtschafft nach Spanien reisete, in seiner Suite mit nach Madrit, wo ich meine Seele recht auf die Weyde führte , da ich mich mitten im Schoos der Catholischen eiferigen Kirche befand, und mit den Dominicanern und Jesuiten meinen meisten Umgang hatte. Mein Vatter sahe dieses gerne, und auf seine Kosten durfte ich meine Studien fortsetzen , die mehrentheils in den Geschichten meines Vatterlands sich gründeten, aber freylich mir von meinen Lehrern auf derjenigen Seite erläutert wurden, die zur Anleitung dienten , wie man der Religion zum Besten in einem Staat arbeiten solle, wenn sie eingeführet werden kann. Nach unserer Rückkunft aus Spanien gieng ich in Kriegs-Dienste, und brachte es so weit , daß ich Capitain wurde. Ich wollte nicht weiters Beförderung haben. Mein Vatter war gestorben, und ich, als Erbe seines Namens und Güter, suchte nur, mein blühendes Alter zur Erfahrenheit in der Welt anzuwenden, hernach aber auf meinen beeden Schlössern, die mir genug zum Unterhalt abwarfen, meine Lebens-Zeit zuzubringen. Doch blieb ich im Soldaten-Stande viele Jahre , und befande mich darinnen , als ich mich in dem Hochverrath gegen König Wilhelm gebrauchen liesse. Ich stunde mit bey den wenigen Truppen in Irrland, die König Jacob der Andere von Frankreich unter dem Feldmarschall, Grafen von Schomberg, erhalten, und wurde, als dieser geschlagen, und Wilhelm von Oranien Meister wurde, als ein Gefangener mit nach London gebracht. Die mehrsten Officiers, die eben dies Schicksal mit mir hatten, traten in die Dienste des Ueberwinders, und diejenige, die sich dessen weigerten, wurden verdächtig, daß sie heimliche Jacobiten wären,

und mußten dahero viel Trübes über sich ergehen laſſen; aber diejenige, ſo Güter hatten, waren der Regierung ein noch gröſſerer Dorn in den Augen, ſo, daß man ſie beſonders beobachtete. Ich war im Herzen ein eiferiger Catholicke, äuſſerlich aber hielte ich mich zu den Non-Conformiſten, und hiebey war ich wenigſtens vor Nachſtellungen geſichert. Ich gieng mit einigen Vertrauten zu Rathe, ob ich den König Wilhelm mit gutem Gewiſſen dienen könnte, da er doch in meinen Augen nichts, als ein Uſurpator, und noch ein gröſſerer Tyranne, als Cromwell, geweſen, indeme dieſer letztere das Recht doch nicht ſo vollkommen hatte, als ein König über ein freyes Volk zu herrſchen. Man ermahnte mich, in dem Dienſt zu bleiben, weil man mir die Exempel vorſtellte, daß ich nicht wider die Religion fechten dürfte, und wenn ich etliche Jahre diente, und dem Hof hiedurch bekannt würde, wegen meiner von König Jacob dem Andern dem Schein nach gemachten Abſetzung, einmal gar bald als Glied der Unter-Parlaments nach London gehen, und meinem Vatterland die beſten Dienſte leiſten, auch es ſo weit, als andere, die ſchon der Gnade des neuen Königs würklich genoſſen, bringen könnte. Doch ich gieng noch ſicherer, und hielte um Erlaubniß an, mit dem neuen Geſandten nach Holland, dem Grafen von Breſton, dahin reiſen zu dörffen, um eine eben damals noch im Streit liegende Erbſchafft meines Vatters Schweſter in Richtigkeit zu bringen, die mich zu einem noch mehr begüterten Mann machte. Dieſes war leicht zu erhalten, da ich unter den Augen eines Engliſchen Miniſters, und vor ſo vielen tauſend Zeugen, die alle es mit dem Prinzen von Oranien, als Statthalter der Niederlande, hielten, herum gehen mußte. Meine Abſicht war, mich eines Unterrichts und Raths für mein Gewiſſen zu erholen, und deſto ſicherer von meinem geweſenen Lehrmeiſter, dem Jeſuiter-Pater, der zu Löwen in dem Collegio Procurator war, ſolchen zu erhalten. Mein Vermögen unterſtützte das gute Vertrauen, ſo der Graf Breſton gegen mich gefaſſet hatte, ſo, daß er mich mehr unter ſeine Freunde rechnete, als für einen Geſandtſchaffts-Cavalier wollte anſehen laſſen. Ich bekam die Gelegenheit, ſeinen Sohn durch die Oeſterreichi-
ſche

:sche Niederlande zu führen, eben, als man in Frankreich sich zu einer
Landung auf die Englische Küsten zum Besten des Königs Jacobs zu
St. Germain rüstete, wobey ich unter dem Vorwand der Reise, nach
dem geheimen Befehl, den ich von dem Gesandten hatte, mich näher
um die Gewißheit dieser Anschläge erkundigen sollte. Voller Freude,
daß König Jacob der Andere den Scepter wieder in die Hand bekommen sollte, war ich der eiferigste Forscher in dieser Angelegenheit, und hierzu durfte ich die Erlaubniß, die ich ohnehin schon hatte, nicht erst begehren, mit den Jesuiten, als den allerbesten Besitzern dergleichen Geheimnissen, frey, und ohne jemand zu scheuen, Umgang zu haben. Mein gewesener Lehrmeister weinte vor Freuden, seinen gewesenen Lehrling in seinen Armen zu halten, der nun schon eine Person war, welche der Kirche, wo nicht einen guten Dienst nachdrücklich zu erweisen, doch solchen befördern konnte. Er gab mir den Rath, daß es gar wohl erlaubt wäre, wenn man eine reine und unverfälschte Absicht hätte, seinem rechtmäßigen Herrn die Treue zu beweisen, auch in seines Feinds Dienste zu treten, woferne man nur solche zu einem Mittel macht, zum Endzweck zu gelangen, und dem Fingerzeig des Himmels nachgehet, daß man auch sein Leben daran wage, wenn der Feind nicht anderst aus dem Weg geräumet werden könnte; Der Dienst eines Officiers seye auch ein bequemer Weg, der Person eines solchen Feinds sich nähern zu dürfen, und man dürfe bey den Befehlen, die man in einem solchen Dienst erhielte, wenn sie auch gegen den rechtmäßigen Herrn gehen sollten, nur das Gegentheil glauben, nemlich, daß eben das auf diesen Feind gerichtet seyn dörfe.

Malagrida. Solche Sätze aber müssen mit der größten Behutsamkeit angewendet werden, und sind wie in der Arzney das Opium, welches Gesundheit und Tod mit sich führet, nachdeme man es geniessen will. Euer voriger Lehrmeister hat hier ein Recht gehabt, daß alles auf eine gute Absicht und reinen Vorsatz ankommt, aber er wird euch auch die Klugheit der Schlangen bey der Einfalt der Tauben angewiesen haben.

Charnock.

Charnock. Ja! ja! Böses zu thun, daß etwas Gutes daraus erfolge, ist eine alte Maxime, die besonders die Jesuiten in Portugall nach ihren subtilen Begriffen von dem Guten eben auch practiciret haben. Mein ehrlicher Jesuite lernte mir so viele Refervationes mentales; er redete mir von dem spiritu ad literàm und von dem spiritu mysterii so vieles vor, daß ich kein Bedenken getragen haben würde, alle Tage dem König Wilhelm einen Cörperlichen Eid der Treue zu schwören, und dadurch meinem geliebten Jacobo, als meinem vermeynten rechtmäßigen Herrn, allemal ein Gelübde zu thun, daß ich jenen mit stürzen helffen wollte, wenn sich nur ein Fall hierzu ereignen würde.

Ende des ersten Theils.

Unglücklicher Zeitpunct
und
gefährliche Absichten
der
Jesuiten in Portugall
fortgesetzet
und
Gesprächsweise
beschlossen
von
Gabriel Malagrida
und
Robert Charnock

1760.

Malagriba. Ihr habt aus dem Grundsatz, daß König Jacob der Andere euer wahrer Herr seye, eben schon die Dispensation von dem unrechtmäßigen Eide gehabt, den ihr an Wilhelm von Oranien geleistet habt.

Charnock. Dies werdet ihr doch hoffentlich nicht im Ernst meynen, und mich auf die Probe stellen, ob ich diese Meynung für wahr oder falsch halte; werdet ihr euch ja nicht beygehen lassen, da ihr die verdammliche Krafft eurer practischen Philosophie mitten in den Flammen, die euch verzehret, erfahren, und nunmehro den beissenden und nagenden Wurm in der Seele empfindet. Was mein Lehrmeister mir übrigens sagte, ward von den andern Mitbrüdern seines Collegii gebilliget, und ich erhielte gleichsam von ihnen die geistliche Salbung, ein auserwähltes Rüstzeug des Satans an meinem Herrn zu werden. Doch; ich muß euch gestehen, daß dergleichen Lehren nicht völlig nach meinem Geschmack waren; ich hielte mich an den Satz: Jacob seye mein Herz, der, wenn er auch ein Tyrann würklich gewesen wäre, doch nicht hätte vom Thron gestossen werden können; mein Dienst, den ich leistete, gehöre für ihn; seine Befehle müßte ich vollziehen, und, wenn es solche wären, die ich als ein Officier verrichten mögte, so dürfte ich mich seinem Commando nicht entziehen, und würde an ihm treuloß, auch straffällig werden, wenn ich seinen Feind beschützen, oder vor demselben weichen wollte, wenn ich Befehl hätte, ihn anzugreifen. Selbst ein Mörder

Mörder an Wilhelm von Oranien zu werden, verabscheute ich, und, wenn ein Befehl von Jacobo dem Andern mir ausdrücklich hierzu ertheilet werden sollte, so hätte ich mich demselben mit gutem Grunde widersetzet, indem kein Monarch seinen Unterthan zum Meuchelmörder anstellen kann, sondern nur denselben in seinem Beruf befiehlet. Wenn es einem andern gelungen wäre, diesen Prinzen von Oranien aus dem Weg zu räumen, würde ich die That gelobet, den Mörder aber äusserst gehasset haben. Ich rechnete damals auf Zeit und Stunde, wenn die Landung der Franzosen auf Engeland geschehen sollte; zu Suffex sollte der Französische Marschall Belfonde mit 3000 Mann ausschiffen, und gerades Wegs auf Londen gehen, und in Engeland warteten ihrer mehr als 14000. Engel- und Irrländer darauf, um sich mit ihnen vereinigen zu können; zu gleicher Zeit sollte der König Louis XIV. Flandern überziehen, damit die damals in Holland gestandene Englische Völker verhindert würden, nach Engeland hinüber zu kommen, und sich den Rebellen zu widersetzen. Wenn es auch allenfalls einen unglücklichen Ausgang haben sollte, so war noch ein Streich im Vorrath, den die Französische Ministers und der Duc de Luxembourg betrieben, nemlich den König Wilhelm ums Leben zu bringen. Man hielte den Anschlag für so wohl ersonnen und eingefädelt, daß man gar nicht zweifelte, daß es nicht wohl ausschlagen sollte.

Malagrida. Diese von euch gemachte Entdeckungen habt ihr dem Englischen Gesandten in Haag nicht communiciret; aber wie war denn dieser damit zufrieden, daß ihr ihm keine Auskunft wegen dieser Sache geben kontet.

Charnock. Ueberhaupts, und was das herumlaufende Gerüchte erkennen ließ, schrieb ich ihm getreulich, aber den Zeitpunct, die Umstände, den Einfall des Königs Louis XIV. und die Verabredung, wie es bey dem Ausschiffen der Französischen Trouppen in Engeland gehalten werden sollte, verschwieg ich freylich. Doch es wurde aus diesem Anschlag nichts, und die Französische Flotte wurde vielmehr geschlagen.

Der

Der andere Anschlag, den Prinzen zu ermorden, gieng nicht weniger den Krebsgang. Es fand sich ein Französischer Edelmann, Bartholomé Lineire, Herr von Granval, der schon vordeme bey dem Französischen Staats-Minister Louvois darüber communiciret hatte, diesen Mord über sich zu nehmen und auszuführen. Der Sohn dieses Louvois, Graf von Barbesieux, fand das Project davon, das Granval gemacht, unter seines Vatters Schrifften. Er trat mit Granval auf diesen Anschlag zusammen, Madame Maintenon stimmte mit ein, und half rathen; der Duc de Luxembourg aber sollte die Direction haben. Grandval hatte noch einen Gehülfen, der sich du Mont nennte, zu sich genommen. Dieser letztere begab sich im Winter 1692. nach Zelle, und stellte sich, als wenn er die Französische Dienste verlassen hätte. Er wurde aber wegen gewisser Reden und Verrichtungen verdächtig, daß er keinen Credit finden konnte. Der Prinz von Oranien fertigte hierauf einen Catholicken, der ein Holländer war, und sich Leefdal nennte, heimlich nach Paris ab, und dieser mußte sich stellen, als wenn er auch im Sinn hätte, für Geld den Prinzen aus dem Wege zu räumen; im Grund aber war er befehliget, den Anschlag zu entdecken. Grandval und Leefdal, zwey dem Ansehen nach vertraute Collegen, kamen beede nach Flandern, der letztere aber führte den ersten in eine Gesellschafft, wo er beym Kopf genommen wurde. So wohl König Jacob als seine Gemahlin hatten beyde Theil an dem Vornehmen, und die Bekänntniß des gefangenen Grandvals entdeckte heßliche Dinge, und sein Urtheil war, daß er zu Eindhoven, im Holländischen Brabant, gehangen, und nach heraus gerissenem Eingeweide geviertheilet wurde. Ich hatte heimlich Verdruß über die Unachtsamkeit des Grandval, daß er ein solches Geheimniß einem andern anvertrauete; jedoch bestärkte der Ausgang mich auch in meiner Meynung, daß ein Fürsten-Mord die allerschwärzeste That von der Welt wäre, und selten wohl gelinge, indeme die Vorsicht, wenn es ihr Rath haben wollte, daß ein solcher Prinz untergehen sollte, die Wege schon selbsten bahnen würde.

Malagrida. Ihr waret ein so guter Catholike, und eben erst habt ihr geredet, als wenn ihr eine Prädestination glaubtet. Doch dies nur im Vorbeygehen.

Charnock. Mich forderte der Befehl des Prinzen zur Armee, und ich war in diesem 1692. Jahr eben allda angelangt, als wenige Tage darauf die bekannte Schlacht bey Steenkerken vor sich gieng, welcher ich beywohnete. Der Ausgang derselben war für die Engeländer schlecht ausgefallen, und von daher nahmen viele Debatten in den Parlaments-Häusern ihren Anfang, wobey die heimlichen Jacobiten ihre Rolen ziemlich spielten. Der König hatte das bisherige Ministerium verändert, und es entstunden einige Bündnisse wider den Hof, welche ich meines Orts nebst meinen Freunden unterhielte. Des Königs kaltsinniger Umgang, sein an sich haltendes und verstecktes Wesen, sein sonstiges Bezeigen, das ihm kaum zulief, ein freundliches Wort zu sagen; die Schwierigkeit, die er machte, jemand vor sich zu lassen, und mit ihme zu reden, hatten viele Gemüther von ihm abgewandt. Er hielte sich immer zu Kensington ausserhalb London auf, und seine vornehmsten Vertrauten waren die Holländer; er bekümmerte sich wenig um die Clerisey, und es schiene, als ob er wenig Wesens von der Kirche oder Religion machte; und seine Regierung wurde am meisten von den Deisten und Socinianern in den Himmel erhoben, weil der Hof mit Gelassenheit ihren Ausschweifungen zusahe. Wir, die wir auf alle Vortheile Achtung gaben, und dieselbe sorgfältig vergrösserten, oder verbesserten, bekamen dadurch Anlaß, das Gerüchte über die ganze Nation auszubreiten, daß der König und seine Hof-Leute nach keiner Religion und nach der Englischen Kirche nichts fragten. Zwischen diesen Vorfällen ereignete sich nun die Angelegenheit, in welche ich mich eingelassen hatte. König Jacob der Andere wollte von seinem Vorhaben nicht ablassen; entweder seinen Feind in die Hände zu bekommen, oder ihn durch den Tod vom Throne herab zu reissen. Da sie nun alle fehl geschlagen, so wurde nun ein anderer Anschlag gemacht, davon man bessere Hofnung hatte, und der auch einer kriegerischen That ähnlicher sahe, als einem abscheu-

abscheulichen Mord. Der Ritter Georg Barkeley, von Geburt ein Schottländer, erhielt vom König Jacob den Befehl, daß er den Prinzen von Oranien in seinem Winter-Pallast angreifen sollte. Der Herzog von Berwick kam im December 1695. von Frankreich nach Engeland hinüber, und hielte Unterredungen mit ein- und andern, die sich in diesem Anschlag gebrauchen lassen wollten. Man vernahm den ganzen Winter von weitem her, was die Jacobiten für vermessene Reden führten, und wie sie vorgaben, daß eine grosse Veränderung im Staat nächstens bevorstünde. Nun hatten zwar diese Jacobiten ihre Anhänger alle Jahr mit solchen süssen Träumen unterhalten; der König war auch so sehr zu solchem blinden Lermen und Gerüchten gewöhnt, daß er auch diesesmal wenig darauf achtete, und diejenige kaum hören wollte, die ihme dergleichen Zeitungen vorbrachten. Seine Gedanken waren auf den Feldzug des künfftigen Jahrs gestellet, daß er alle andere Dinge dagegen gering hielte. Ein Schwager von mir, der meine Gesinnungen wohl wußte, und der Capitain Porter, einer meiner besten Freunde, trugen mir den Vorschlag an, ob ich nicht von der Ehre profitiren wollte, dem König Jacob einen angenehmen Kriegs-Dienst, als ein rechtschaffener Officier, zu leisten; und ich trug Begierde, doch anzuhören, wie es der Französisch- und der Englische Hof zu St. Germain einmal anfangen wollten, daß doch etwas Ganzes endlich aus der Sache werden müßte. Der Herzog von Berwick machte die Proposition, wie er von dem Französischen Hof, der Ritter Barkeley aber von dem Hof des Königs Jacob die Commission habe, brave Leute besonders in den Dienst zu engagiren, die mit Muth und Klugheit einen Anschlag ausführten, den ein bereits entworfener Plan als ohnfehlbar vorstellte. Weil in dem Winter die Städte und Vestungen in Frankreich voller Soldaten lagen; so war es leicht, in sehr wenig Tagen eine ansehnliche Macht zusammen zu bringen, ohne daß man in Engeland etwas davon merken sollte. Jeden Winter kam eine Küsten-Flotte aus allen Häven Frankreichs nach Dupnkirchen, welche Kriegs- und Mund-Vorrath zum künftigen Feldzug dahin brachte. Nunmehro aber hatte man ausgestreuet, daß man dieses sehr frühzeitig anfangen wollte, und daher Befehl ergangen wäre, daß diese Küsten-Flotte im Januario da seyn sollte, damit so wohl Transport-Schiffe, als eine Armee vorhanden wäre; auch hatte man eine kleine Flotte von Capern und leichten Kriegs-Schiffen parat halten wollen, die Ueberfahrt der Trouppen zu bedecken; Zu Calais sollte sich indessen ein Kriegs-Heer von 10000. Mann zusammen ziehen, welches aus den herum gelegenen Besatzungen formiret werden sollte. König Jacobus wollte sich an der Spitze dieses Heers zeigen, und zu Calais abwarten, bis die Nachricht von Engeland aus bey ihm einlangte, wie indessen bis Project, welches der Ritter Barkeley dirigirte, abgelaufen, und zu Stande gekommen wäre. Solches bestunde aber in folgendem: Barkeley hatte vierzig Personen zu diesen Unternehmungen mit Fleiß ausersehen, und sie in vier Trouppe eingetheilet, deren jeder einen ordentlichen Kriegs-Officier zum Anführer hatte. Die mehrsten von denen, die gebraucht werden sollten, und zwar achtzehen, waren von der Garde Königs Jacobi des Andern, zwey bis drey Officiers eben von derselben, wie Barkeley selbsten als Hauptmann bey derselben stunde. Dieser letztere sollte, damit es nicht das Ansehen hätte, als wenn man den König erwarten wollte; sondern daß es vielmehr zu einer kriegerischen Action käme, wo man auf Befehl eines Souverain mit der Garde seines Feinds in einer fast gleichen Anzahl, Soldaten gegen Soldaten anbinden, und einen Scharmützel halten, auch durch eine Surprise, wenn es seyn könnte, den König gefangen nehmen sollte, seine ihm zugethane Freunde mit einem jeden Troupp also postiren, daß, wenn der König von der Jagd zu Richmond, wohin ihn allemal die Garde begleitete, zurück käme, diese von ihnen überfallen würde. Barkeley rechtfertigte das Unternehmen mit der Commission des Königs Jacobi, und durch den Auftrag, den derselbe dem Herzog von Berwick gethan, dieser aber mündlich vollzogen hätte. Es brachte auch einer, Nahmens Harris, der bey Jacob dem Andern zu Calais war, Briefe von ihm an Barkeley, und Geld, davon die benöthigte Pferde einzukaufen, und es wurde ein Schiff parat gehalten, welches

ches die Nachricht von dem ausgeführten Anschlag nach Calais überbringen sollte. Ich überlegte das mir gethane Anerbieten mit möglichster Behutsamkeit, und gieng mit mir selbst so sicher zu Rath, daß ich auch diejenigen, so nicht von meiner Religion, doch aber in andern Absichten den Röm. Catholischen nicht zuwider waren, unter Verheelung der wahren Beschaffenheit, und gleichsam, als wenn ich, als ein Liebhaber von Studien dergleichen Fragen aufwürfe, ausforschte, was ihre Gedanken über einen solchen Fall wären. Ich traf darunter einige an, die völlig auf den Schlag der Jesuiten, mit denen ich ehemals conferiret, redeten; einige aber, und die meiner Neigung am nächsten zum Ziel redeten, welche es als eine Obligation ansahen, die ein Officier seinem Herrn zu leisten hätte.

Malagrida. Sehet ihr wohl, wie man von einem Irrthum in den andern fallen kan, wenn man sich von dem Grundsatz entfernet, der alle Menschen leiten sollte, nichts zu thun, wozu jener nicht einen ordentlichen Beruf hat. Habt ihr dann auch, da ihr in den Gedanken waret, und man es euch so weis gemacht, auch die Commission von König Jacob den II. gesehen, daß ihr als ein Officier derselben nachkommen müßtet?

Charnock. Vernehmet nur, was ich sage. Ich hatte nach einem langen Nachsinnen endlich die Parthie ergriffen, welche auf den Untergang Königs Wilhelm zielte, und trat mit ihr in öfftern Unterredungen, die sie in verschiedenen Gasthöfen hielten. Als der Anschlag von einigen unserer Compagnon gefaßt war, dem König in einem Gebüsche bey dem Pallast zu Richmond aufzupassen, und eine Helfte der unsrigen zu Fuß sich in einem Gehölze aufhalten, und den König, wenn er vorbey fahren würde, angreiffen, die andere Helfte aber die Garde dasselbe anfallen sollte; setzte ich mich dawider, weil es zu mörderisch ausgefallen seyn würde. Capitain Porter, ein sehr guter Freund, war meiner Meynung, und man wurde endlich eins, daß wir uns in drey Parthien vertheilen wollten, und der Ort, wo der Streich vorzunehmen, ein enger verzäunter Weg seyn sollte, durch welchen der König allemal zu fahren pflegte. Der Ritter Barkeley sollte mit 10. die Königl. Carosse angreiffen, und, wenn sich die, so bey dem König säßen, widersetzen würden, nur auf dieselben schiessen, Pendergraß aber, ein Irrländischer

ländischer Officier, sollte den Schuß auf den König thun, und Capitain Porter hatte ihme einen Carabiner mit 6. Kugeln geladen, hierzu gegeben. Zwey andere Parthien, deren eine ich, und die andere Porter führten, sollten des Königs Garde auf beyden Seiten überfallen. Die Abrede war, daß der Streich am 15. Februarii vor sich gehen; und die Verschwornen sich hin und wieder in den Wirthshäusern so lange aufhalten sollten, bis das Signal, den Anfall zu thun, gegeben würde. Wir verliessen uns auf die Unfehlbarkeit unsers Anschlags, daß er nicht fehlen konnte; und ich muß gestehen, daß ich zwar die Commission vom König Jacob nicht gesehen, jedoch an ihrer Existenz nicht zweifelte, weil die mehresten unter uns, als Porter, de la Rue, Pendergraß solche gelesen, und ganz und gar von der Hand Königs Jacob geschrieben zu seyn, beständig versicherten. Doch, könnt ihr wohl vermuthen, daß unsere besten Freunde unsern Anschlag entdecket, und uns überdiß selbst recht auf die Probe zur Ueberzeugung, daß wir die Mörder an König Wilhelm werden wollten, geführet haben sollten.

Malagrida. Und bey dem ganzen Anschlag waret ihr mit Blindheit geschlagen. Ich höre nicht, daß es unter euch ausgemacht worden wäre, wohin ihr euch nach vollbrachtem Streich, er möchte gelingen oder fehl schlagen, wenden solltet.

Charnock. So, wie der Anfall beschlossen war, hätten wir uns nichts zu befürchten gehabt, denn es war schon alles veranstaltet, daß wir einzeln hätten verborgen gehalten werden können, und hier und dar waren die Auswege sicher bestellet, ausserhalb Engelland über das Meer zu kommen. Wenn aber der Streich gelungen wäre, würden wir zu Londen sicher genug gewesen seyn, und die Jacobiten ihr Haupt bald empor gehoben haben. Doch! nunmehro muß ich das ausserordentliche erzählen. Pendergraß, Porter, und la Rue, waren entweder zaghaft, und furchten, daß die Sache entdeckt, und sie in ein grosses Unglück hingezogen werden würden, oder es war die gröste Bosheit, ihre Freunde zu verrathen, und diese unter der Vertraulichkeit, die sie zu haben sich stellten, zu berücken, für sich aber eine Belohnung vom Hof zu erwarten. Pendergraß gieng

den

den 14. Febr. in der Nacht nach Kensington, und begehrte mit dem Grafen von Portland zu sprechen, der den Mylord Cutts, der eben als Hauptmann der Garde bey dem König diese Nacht die Wache hatte, zu sich nahm, und diesen Mann dem König dârstellte. Er gestund dem König freywillig unter die Augen, daß er sich wider ihn verbunden; er hasse aber eine mörderische That, und es triebe ihn die Ehrbegierde zur Aussage an; er bekannte, daß die Wahl auf ihn gefallen, sich nebst dem Barkeley der Persohn des Königs zu bemächtigen; er habe einen Abscheu davor getragen, und sey bereit, den Handel zu entdecken. Er bestunde darauf, daß ihme der König nur Gnade wiederfahren lassen sollte, und daß er, wenn die Persohnen, die er anzeigte, in Gefangenschafft gebracht, und ein Proceß über sie gehalten werden sollte, nicht als Zeuge wider sie aufgeführet werden dürfte. Er erhielt Pardon, jedoch wurde er beybehalten, daß er, um noch grössere Gewißheit von unserm Verfahren beyzubringen, sich bey dem Complot wieder einfinden, und sich stellen sollte, als wenn er noch ein Confident und einer der getreuesten mit wäre, der seine Rolle beherzt ausführen würde.

Malagrida. Es war ein Haupt-Fehler von eurer Bande, daß sie sich nicht besser untereinander versichert, und eidliches Versprechen geneinander geleistet, da eurer so viele gewesen, und dergleichen Anschläge sonst nicht mehr als 2. oder höchstens 4. Persohnen erfordern, mehrere aber allemal schwer dahin gebracht werden können, Farbe, Stillschweigen und Treue zu halten. Ueber dasjenige aber, was der Hof diesem Pendagraß und andern zugelassen, verwundere ich mich noch mehr, daß man sie nicht gleich bey dem Kopf genommen, und einen nach dem andern von dem Complot, oder vielmehr alle zugleich nach dieser Entdeckung aufgehoben, damit man die Conspiration noch, ehe sie ausgebrochen, hätte verhindern können.

Charnock. Die mehresten waren geschworne Diener vom König Jacob; alle aber Jacobiten; von denen man sich gar nicht einer Verrätherey an den andern besorgen hätte sollen, da sie auf ihre Officiers Parole ein jeder das Werk übernommen, und die Sache ja nicht als ein Mord angesehen

angesehen wurde. Der Hof des Königs Wilhelm aber hatte auch seine Ursachen, warum er abwarten wollte, ob der Anschlag zu Stand kommen möchte: Genug, daß man bey dem entdeckten Geheimniß den König allemal in Sicherheit bringen konnte; es war noch nichts gewisses, und in Engelland darf keiner wegen des Hochverraths eingezogen werden, wenn nicht überführende und deutliche Kennzeichen vorhanden sind, daß der Anrüfige den Vorsatz ins Werk setzen wollen, denn, wenn ein Verbrecher Reu trägt, und den Vorsatz ändert, daß er nicht zum Ausbruch kommt, wird ihn schwerlich ein Richter darum straffen, da jener selbst das Böse vermieden. Wäre Pendergraß nicht mehr bey den Mitschuldigen erschienen, so hätten sie wohl argwohnen können, daß dieses nicht ohne Ursache wäre, und würden alle auseinander geflogen seyn, so, daß man nirgend in etwas hätte auf den Grund kommen mögen.

Malagrida. Ich lasse mir dieses gefallen; jedoch ihr habt oben noch von mehrern gesagt, welche ein freywilliges Bekänntniß bey dem König in der Stille abgeleget, ehe die andern unter Anführung des Ritters Barkeley zum Werk geschritten.

Charnock. Der König fuhr den 15. Febr. nicht, wie wir gewartet, auf die Jagd, denn Pendagraß hatte ihn darum gebetten, daß er zu Verschwörung der ihm gedroheten Gefahr sich nicht von Kensington wegbegeben sollte. Wir liessen uns aber solches nicht abschrecken, sondern beschlossen von neuem, daß wir unsern Anschlag bey einer andern Gelegenheit dennoch in das Werk richten wollten. La Rue und Porter, dieser letztere, mein sehr guter Freund, berathschlagten immer mit uns fort, und hatten indessen uns schon verrathen, und bey Hofe alles entdeckt. Wir verharrten auf ihre Treue, und sie hielten mit uns blos deßwegen aus, daß sie alles ausforschten. Sie waren die eifrigsten im Rathschlagen, und munterten uns noch mehrere auf, und waren die erste, die uns in die Falle brachten. Es erschien der 22. Febr. abermals ein Sonnabend, wo wir glaubten, daß der König auf die Jagd nach Richmond gehen würde. Einige unter uns wollten in Furcht gerathen, daß es etwan wieder so, wie den vorigen Tag ergehen würde; da wir aber ein- und anderm nachgesonnen,

nen, daß, wenn es dem so wäre, man uns ganzer 8. Tage nicht würde frey-
gelaſſen haben, und daß auch gar wohl eine Hinderniß den König möchte
abgehalten haben: ſo beſtunden wir darauf, es an dieſem Tag auszuführen.
Allein, zu unſerer gröſten Beſtürzung, erfuhren wir, daß der König zum an-
dernmal die Jagd ausgeſetzet habe. Und nunmehr geriethen wir auf den
Argwohn, daß unſer ganzer Anſchlag entdeckt worden wäre. Pendergraß,
Porter und la Rue, waren noch bey uns denſelbigen Abend. Wir über-
legten mit ihnen das fernere, und es ward beſchloſſen, wie ein jeder ſich
Lufft machen, und verbergen ſollte, wie er könnte. Sie ſchienen mit uns
ganz wohl ſich zu verſtehen. Ehe wir noch auseinander giengen, trunken
ſie noch mit uns auf die Geſundheit des Königs Jacobs, und zum Beſchluß
nahm einer von ihnen, uns ja recht ſicher zu machen, einen Oranien-Apfel,
und fieng an, auf die Ausrottung des faulen und zerknirſchten Oranien-
Apfels dem andern zuzutrinken. Und wir alle thaten in der Reihe Be-
ſcheid, da wir doch ſchon alle verrathen und verkaufft waren.

  Malagrida. Waren dieſe Leute, auf die ihr im Anfang ſo vieles gehalten, etwan Leute, die in Anſehen ſtunden, daß man ihren Auſſagen
ſogleich Glauben beygemeſſen, und ſie nicht beym Kopf genommen.

  Charnock. Alle drey waren vormals reiche und wohlbekannte
Leute, die aber nachgehends in tiefen Verfall gerathen. Der de la Rue
wurde vor mir lange Zeit, ehe man noch auf den Anſchlag wider König
Wilhelm dachte, ernähret. Porter war ein laſterhafter Mönch, der ſich
ſchon öffters in krumme Händel gemiſchet, und in den Berathſchlagungen
der Jacobiten ungemein viel Eifer und Lebhafftigkeit bezeiget. Er war
ein Mann, der das Wohlleben liebte, dem mit der Unluſt des Gefängniſſes
nichts gedienet war; Pendergraß war von ihm der geheimſte Freund, und
hatte ihm vieles zu danken, aber ſonſten hatte auch dieſer nicht viel zum
beſten, und ſie mochten alle drey um eines Gewinnſts oder Beförderung
willen dieſe Falſchheit an uns begangen haben.

  Malagrida. Iſt euch dann bey eurer ſonſt guten Vernunfft
nicht dieſe Einwendung gegen ſolche Angeber und wider euch aufgeführte
Zeugen beygefallen, daß, wenn ein Zeuge des Verbrechens zugleich mit-

schuldig sey, und zumal die andere, wie euch geschehen, noch so weit verleitet, daß ihr die böse That unternommen, sein Zeugniß gar nichts gelten könne, indeme ein solcher Mensch eines noch grössern Lasters schuldig, als der Gefangene selbst wäre.

Charnock. Sorget nicht dafür, daß ich nicht alles hervorgesuchet habe, was mich immer hätte erretten sollen. Meine Vertheidigung, ohne daß ich einen Advocaten zur Seite gehabt hätte, wurde von meinen Richtern nicht nur in ihrer Art sehr gelobet, sondern auch von dem Königl. General Procurator und des Königs Advocaten für so wichtig angesehen, daß mein geführter Proceß besonders im Druck erschienen. Aber auch, lieber Pater! wie hätte ich mit dieser Einwendung, die ihr mir vorrücket, mit Fug wohl durchgreiffen können? Solche Anschläge, wie ihr und ich gemacht haben, sind allemal Werke der Finsterniß, die natürlicher Weise von niemand, als von den Conspiranten selbst herkommen kan. Ausser dieser ist es fast unmöglich, daß man von dergleichen Vorhaben eine gewisse Probe und Beweiß haben könne, da sie allemal im Verborgenen geschehen. Und wenn auch solche Zeugen an eben den grossen Lastern Schuld gehabt, und sich würklich damit eingelassen hätten: so ist jedoch, wenn sie, ehe noch das Werk der Verschwörung ausgebrochen, von freyen Stücken kommen, und die Wahrheit entdecken, ihr Zeugniß alsdann gültig, wenn nur die andere Zeugen, oder auch die Mitschuldige mit ihren Aussagen ihnen, wie man in den Schulen redet, adminiculiren. Und wenn ihr auf meine Erzählung recht gemerket, so muß euch beyfallen, daß Pendergraß und la Rue, wenn sie auch im Grund Erzschelmen gewesen, doch damals, als sie sich angegeben, keine Gefahr vor sich gesehen, auch noch nicht den geringsten Argwohn haben können, daß sie verrathen worden wären, so, daß man recht von ihnen sagen kan, daß sie etwas zu diesem Ende ausgesagt hätten, damit sie das Leben erhielten, sondern ihre Anzeige wird angesehen, als wann sie des Königs Leben zu erhalten gesucht hätten. Doch: genug hiervon. In der darauf folgenden Nacht wurden viele von unsern Mitgehülfen aufgesucht, und in Arrest gebracht, ich aber, der Capitain, Kings, und ein Bedienter des Capitain Porter, mußten zu unserm

Unglück

Unglück 3. Tage hernach auf einem Schloß zu St. Clement ergriffen werden. Pendergraß, Porter und la Rue wurden dem Schein nach aufgesuchet; sie hatten aber ein ganz anders Schicksal, welches sich zu ihrem Glück aufklärte, auf daß das unsrige in eine tiefere Nacht des Elends verfiele. Man fuhr von Seiten des Hofs nunmehro fort, unsere Mitgesellen fest zu setzen, und es wurde eine Prämie von 1000. Pfund Sterling gesetzt, der einen Verborgenen von den angegebenen Conspiranten entdecken würde, ja ein jeder Mitverschworner, der einen seiner Mitgenossen zur Verhafft bringen könnte, hatten die Versicherung des Pardons erhalten. Innerhalb 14. Tagen wurden die allermeiste unserer Zunft eingebracht. Nur der Ritter Barkeley war nicht zu finden, der die Vollmacht vom König Jacobo II. mitgebracht haben sollte, uneractet auf ihn auf das schärffste nachgeforschet wurde.

Malagrida. Welcher Schrecken für den König Jacob, und wie bestürzt wird nicht der franz. Hof darüber gewesen seyn.

Charnock. Freylich gerieth man zu Paris in ein grosses Erstaunen. Das franz. Ministerium ließ sein Vorhaben, eine Landung in Engelland zu thun, an allen Höfen, wo seine Gesandten waren, kund machen, und diese redeten davon mit solcher Gewißheit, daß ein grosser Verdacht entstund, wie der allerchristlichste König mit um diese Verrätherey Wissenschafft gehabt habe. Aber betrachtet auch, mein Freund! wie ganz Engelland in Schrecken gesetzet worden, als unser Anschlag entdecket worden war, da die franz. Macht auf einmal an ihren Küsten angeländet wäre, wenn durch den vollzogenen Tod des Königs das ganze Reich in Verwirrung gerathen wäre. König Jacobus II. verlohr hierauf vollends alle Hoffnung, in sein voriges Reich wieder zu kommen. Denn in der nächsten Woche darauf vereinigten sich beyde Häuser zu einem allgemeinen Reichs Gesetze, nach welchem Wilhelm als König aufs neue anerkennet, und ihme Gehorsam und Treue versprache, gegen den König Jacob und seinen sogenannten Prinzen von Wallis aber alles Verfolgungs-Recht bestättiget, auf der andern Seite aber über die Acte der Kronfolge stet und fest zu halten, auch, wenn der Tod des Königs Wilhelm gewaltsam befördert

befördert werden sollte, es an allen und jeden, die auch nur von weitem daran theil genommen, die Rache zu nehmen feyerlichst erkläret wurde. Diese Association gieng durch ganz Engelland, und wurde von jedermann unterschrieben. Dabey blieb es noch nicht; sondern es wurde auch eine Bille errichtet, daß keiner eines Amts oder im Parlament zu sitzen für fähig angesehen werden sollte, der diese Associations-Acte nicht unterschreiben würde; es wurden auch alle Bestallungen durch ganz Engeland nachgesehen, und die derselben nicht beygetreten, ihrer Aemter entsetzt. Kurz, der Ausgang des Anschlags, den Jacobus gefaßt, und wir vollziehen sollten, war um so viel merkwürdiger, als nun alle mindeste Hofnung eines bessern dahin gieng, und König Wilhelm erst noch mehr auf dem Thron bevestiget wurde.

Malagrida. Ich trage mit euch billig Mitleiden. Ihr seyd, wie ich sehe, aus einem blosen Irrthum in euer Unglück gegangen, und, wenn schon alle Engeländer euch als einen Verräther an eurem König und Herrn nennen, so bleibt ihr doch absonderlich bey der Römisch Catholischen Kirche als ein Märtyrer in gutem Angedenken, weil ihr, um unsere Religion in Engeland wieder mit zu befördern, und den, der sie herstellen sollte, wieder auf den Thron zu unterstützen, Leib und Leben in die Schanze geschlagen, und mit einem stählern Muth und eisernen Stirn angegangen seyd.

Charnock. Bey den Jesuiten kann ich auch für nichts anders, als einen Helden angesehen werden; denn sonst würde P. Garnet und seine Mitbrüder unter die grösten Bösewichte gezählet werden müssen, da sie das grausame und entsetzliche Project der Pulver-Verschwörung angegeben, und als die Haupt-Urheber auch ihre Strafe erlitten. Ich, der Capitain King und Kayes wurden nicht lang in den Tour gelassen, sondern schon den 11. Martii vor das grosse Gericht gestellet; denn vor dem Königlichen Geheimden Rath, wo unsere Sache zuerst vorgenommen wurde, hatten wir nicht so bestehen können, daß man unserer vorgegebenen Unschuld ein Vertrauen gegeben hätte. Ich wandte alle meine natürliche Gaben und erlernte Geschicklichkeit zu meiner Vertheibigung digung an, war dreiste, und setzte auch wohl bittere Ausdrücke meinen Richtern vor, und konnte den Advocaten des Königs, Montagu, Cowpers und Cooper, die wegen ihrer Gelehrsamkeit in ihren Schrifften noch einen berühmten Namen in der Welt haben, genug zu thun machen. Meine andere beede Mitschuldige verliessen sich auf mich, und ich redete für sie zugleich; ich verfuhr hiebey klüglich, mit grossem Bedacht, und drehete die Aussagen des Pendergraß, des Porter und la Rue immer auf die Seite, wo sie am verdächtigsten meinen Richtern scheinen sollten. Der Hof trug auch mit mir Mitleiden, und würde mir wohl gar Pardon gegeben haben, wenn ich nur alles entdecken hätte wollen, was ich in der Sache gewußt; einer meiner Anverwandten, der absonderlich von dem Grafen von Seuderland, dem Premier-Minister, ein vertrauter Freund war, mußte mir den Vortrag machen, daß ich meiner selbst und meiner Familie schonen mögte, auch so gar mein Glück befördern würde, wenn ich offenhertzig mit meinem Bekänntniß thun würde; Allein ich hatte mir einmal in Kopf gesetzt, daß es für mich eine Schande hieße, mein Leben zu erhalten, und dabey dasjenige zu thun, worüber viele das Ihrige verliehren würden; Überdies achtete ich den Tod nicht, da ich mir einbilden konnte, daß ich doch König Jacob nicht mehr auf seinen Thron wieder eingesetzt sehen könnte. Ihr wißt, daß ein Engeländer, wenn er einmal einen Satz sich tief eingepräget, mit eben so vieler Großmuth zum Tode gehet, als ein anderer dergleichen Großmuth nicht ausüben mögte, die an und für sich nichts als ein falscher Wahn ist. Ich trat demnach abermals mit vieler Hertzhafftigkeit vor meine Richter, und tröstete mich, als ich und meine Gehülffen Kings und Kayes für schuldig und überwiesen erkannt wurden, daß ich weder der Erste wäre, noch der Letzte seyn würde, der seinen Eifer für das Hauß Stuart mit dem Tode verbüssete. Das Urtheil war hart, und gieng dahin, daß ein jeder von uns an den Galgen gehangen, und lebendig wieder heruntergelassen; nach diesem das Gedärme und Eingeweide aus dem Leibe gerissen, und vor unsern Augen verbrennet; der Kopf abgehauen, der Rumpf geviertheilet, der erstere auf Pfähle gesteckt, die

L

Vier-

Viertheile aber an die Land-Straßen auf Schand-Säulen angeheftet werden sollen. Wir konnten es nicht hindern, und es wurde diese Strafe den 18. Martii an uns nach dem strengsten Innhalt vollzogen. Ehe ich noch zum Tode geführet wurde, übergab ich, King und Kayes, jeder von uns einen besondern und versiegelten Zettel denen von der Stadt London verordneten Schöppen, daß sie solchen dem Ministerio behändigen sollten. Ich bekannte darinnen, wie ich niemals eine Commission von König Jacob zum Mord an König Wilhelm gesehen, wohl aber die Versicherung des Gegentheils erhalten hätte. Ich ließ auch den Römisch-Catholischen die Gerechtigkeit wiederfahren, die ich ihnen schuldig war, daß ich noch am Ende meines Lebens in diesem Zettel behauptete, daß sie nicht das geringste von unserm Vornehmen gewußt haben, und daß der ganze Anschlag bloß nur von unserer Gesellschafft gefaßt worden wäre, sondern, daß mich der Grundsatz, wie König Jacob mein natürlicher und rechtmäßiger Herr wäre, und ich keinen andern als König von Engeland erkennen dürfte, und meine Hitze und Affecten dazu verleitet hätten. King that eine Bekänntniß, die der meinigen nicht unähnlich gewesen seyn solle.

Malagrida. Auch sterbende Personen haben den König Jacob von dem aufgetragenen Mord frey und ledig sprechen müssen? Und man siehet daraus, was die Macht der Wahrheit einer Religion würcke. Ihr habt dadurch einer Menge Catholicken und auch der Jacobiten, die mit euch doch auf gewisse Art verbunden waren, das Leben gerettet.

Charnock. Ich rechne es, mein ehrwürdiger Pater! eurer Verwirrung, in welcher sich euer Geist von dem Leibe abgesondert, und den vielen Gewissens-Quaalen, die euch jetzo beissen, zu, daß ihr noch dergleichen Sätze im Munde führen möget, und es scheinet sich mir die Meynung derer zu bestättigen, welche sagen, daß der Geist mit denjenigen Vorstellungen in die Ewigkeit gehe, die er in den letzten Stunden seines Lebens im Cörper gehabt. Ich habe eben nicht erfahren, daß meine letzte Versicherung und Bekänntniß dem König Jacob, oder andern Mitverschwornen Vortheil gebracht habe. Vielmehr drang die

Wahr-

Wahrheit mit aller Macht durch die verborgenste Winkel hindurch, wo noch ein Ueberbleibsel unserer Missethaten gewesen. So wurde gleich nach meiner Hinrichtung der Ritter Friend und Ritter Perkins entdeckt; der erstere wußte um unsern Anschlag, ob er gleich keine Hand mit anlegte; aber er hatte Vollmacht, ein Regiment für den König Jacob anzuwerben, hatte auch die bereits angenommene Officiers, welche unter ihm dienen sollten, verpfleget und bezahlt. Perkins war ein wohlbegüterter Mann, der noch zu König Carls des Andern Zeiten zu allen Verfahren und Anschlägen des Hofs ein Grosses beygetragen. Er hatte ebenfalls ein Regiment angeworben, und einen grossen Vorrath an Gewehr angeschafft, und unter der Erde vergraben lassen. Dieser letztere bekannte, daß er des Königs Jacobs Vollmacht mit eigenen Augen gesehen, und daß Wort für Wort von dessen Hand geschrieben gewesen seye. Er und Friends wurden beyde zugleich hingerichtet. Ihr grösster Ruhm bestunde darinnen, daß sie auch, wie ich und King, so hartnäckig gewesen, keinen Officier von ihren angeworbenen Regimentern mit Namen anzugeben, sondern das Geheimniß mit sich in die andere Welt genommen haben.

Mulagrida. Ihr sucht euch doch immer an mir zu reiben, und ich habe in der Englischen Historie es öfters gelesen, wie diese Macht der Wahrheit bey diesem ganzen Werk sich so vielfältig und stark erwiesen habe. Friend und Perkins waren Protestanten, und blieben solche bis an ihren Tod, ob sie schon getreue Anhänger von der Parthie der Jacobiten waren. Sie wurden auch von drey Eidweigernden Geistlichen auf das Schaffaut begleitet. Diese drey Prädicanten traten auf dem Richtplatz zusammen, und sprachen die Delinquenten öffentlich mit Auflegung der Hände in Gegenwart aller Zuschauer ledig und los.

Charnock. Dies war auch ein so unverschämter, als boshafter Streich; denn die beyden Missethäter sturben bey dem Bekänntniß ihres bösen Vorhabens, darein sie verwickelt waren, dahin, ohne im geringsten Reue und Leid zu bezeugen; folglich erklärten sich diese Geistlichen öffentlich, daß sie alles dasjenige gut hiessen, und rechtfertigten, was

die

die Verurtheilten gethan hatten. Doch zween wurden gefangen genommen, und erhielten ihre Strafe; der dritte aber hatte mit der Flucht sich noch zu erretten das Glück gehabt. Die Verblendung unserer Affecten, mein Pater, hat alle diese Personen, und mich und euch in diese unglückseelige Gegend hergebracht, und wir sehen nun beede allzuspät ein, was Klügeln, Sophisterey, Dialectic, und heroischer Muth, wenn sie zum Bösen gebraucht werden, für Schaden anrichten können.

Malagrida. Ein anders ist Denken, so lang man auf der Welt ist, und ein anders, wenn man aus der Welt gegangen ist. Die Welt wird nach Meynungen regieret, und wer in diese sich zu schicken weiß, kommt in der Welt für sich, und weiß es hoch genug zu bringen.

Charnock. Dies hat man wohl an uns gesehen, da uns Vernunft und Moral verlassen, und ins tiefeste Elend gestürzt. Die eurige war wie das Gold im Feuer wohl bewähret, und, da ihr sonsten nach eurer Rhetorik die Allegorien liebtet, so kann ich dieses Gleichniß bey euch anbringen, da man euch das Rad, als das Sinnbild des unbeständigen Glücks, auf die Brust gesetzet, und euern Cörper den Flammen übergeben, welche doch keine nützliche Asche zurück gelassen. Mein Eigendünkel und Vorurtheil, das ich nach der herrschenden Meynung gefaßt hatte, hat mich freylich hoch genug gebracht, daß ich meine Hand an meinen König legte, den GOtt für Engeland ausersehen, den das Volk bestättiget; und den die Natur und das Erb-Recht zur Crone gerufen. Dürft ihr nun aber euch wohl einen Rang über mich zurechnen, da ihr in Ansehung eurer Bosheit weit stärker und verwerflicher, als ich gewesen? In gewisser Maße könnte ich noch wohl das Mitleiden aller fernern Nachwelt, wenn sie meine Geschichte lieset, hoffen, da euch und eure Mitbrüder alle Welt mit einem allgemeinen Haß belegen, und die späteste Nachkommenschafft in Portugall verfluchen wird. Dies ist die Frucht der Heucheley, wenn man mit der Heiligkeit der Religion spielet, um die größten Bubenstücke durch sie zu verbergen, der Ausgang des geistlichen Hochmuths, da man auf sein Priesterthum,

wie

wie bey den Heyden in China die Braminen, troßet, und unter diesem
Schmuck das böse Herz mit dem Schildlein, wie jene grosse Priester im
Alten Testament, bedecken will; und eine wahre Probe, wie ihr und
eures gleichen Schwarzkünstler, wenn ihr fehlet, vollends in den Aber-
wiß des Hochmuths überspringet.

Malagrida. Ihr kennet den Character der Portugiesischen Jesuiten noch nicht, lieber Freund! die Demuth, die sie ausgeübet, hat
ihnen grossen Beytrag zu ihrem Unglück gethan; wären sie anfangs drei-
ster zu Werke gegangen, und hätten sich mit mehrerm Nachdruck der
Anmuthungen des Cardinals-Patriarchen Saldanha widersetzet: so
würde es nicht so weit gekommen seyn. Doch! im Vertrauen zu euch
gesprochen: dies war ein Bewegungs-Grund unsers P. Generals in
seinem Memorial an den Pabst, dadurch er unsere Sache beschönigen
wollte.

Charnock. Ehe hätte Portugall geglaubet, daß der brennende
Comet über seinem Horizont stehen sollte, als daß man euch jemals eine
Unterwerfung und eine Demuth nur vom niedrigsten Grad gewiesen
worden wäre. Aber wie stimmt denn die Demuth mit demjenigen
Vortrag überein, den der P. General in seinem Memorial machet, da
er sagt: „daß sich die Gesellschafft Jesu, so viel möglich, bestrebe, auch
„von den Fehlern noch frey zu werden, denen die Menschen überhaupts,
„und vornemlich das gemeine Volk, unterworfen sind.„ Redet er
nicht hier selbst zu eurem grossen Schaden, und bezeuget er nicht das
Gegentheil eben also am stärksten? Diese Vollkommenheit, nach welcher eure Gesellschafft strebet, vereiniget eben ihre erhabene Heiligkeit,
die kein Sterblicher glauben kann. Sie rechnet also, was in Portugall geschehen, noch unter die läßliche Sünden. Denn wenn sie sonst
keine Gebrechen hat, als denen der gemeine Mann unterworfen ist, und
über welche ein jeder Mensch klaget, daß er seine Natur nicht verläugnen kann, so muß alles, was in Portugall durch ihre Mitbrüder geschehen ist, für gar keine Sünde geachtet werden können, weil es gar kein
Gegenstand ist, auf welchen man im gemeinen Leben denken kann. Doch
ich

ich finde euch recht abgeschildert, und ziehe meine Rede zurücke, wenn ich dazu verdammt werden sollte, alle Vernunft zu verläugnen. Ein Buch, das der berühmte Jesuite Tanner unter dem Namen: Societas Apostolorum immatrix, heraus gegeben, und in welchem die Leben einzelner Jesuiten beschrieben sind, hat eure ganze geistliche Aufführung in einem Kupfer-Blat vorgestellet. Entweder die Jesuiten in Portugall haben zu der Gesellschafft Jesu gar nicht gehöret, wenn sie diejenige ist, wie sie der Autor in Sinnbildern darleget; oder ich mag gar nicht bestimmen, was für ein Urtheil die vernünftige Welt darüber fällt. Man findet auf demselben den H. Ignatius in einer Wolke abgebildet, aus welcher er, wie ein zweyter Messias, seinen Geist, in Gestalt feuriger Zungen, auf der ganzen ausbreitet. Daß man gar vorgiebt, als habe GOtt dem Heil. Ignatius das Vorrecht ertheilet, daß in 100. Jahren kein Jesuite eine Todsünde begehen würde, und daß der heilige Xaverius die Verlängerung dieses Vorrechts bis auf zwey andere Jahrhundert erhalten habe, sind Fabeln, an denen sich die unteren kleinen Schüler in euren Collegiis zu Lisabon haben ergötzen müssen. Aber dies nenne ich unverantwortlich, was der P. Joh. Tollenarius in seinem Buch: Abbildung des ersten Jahrhunderts der Gesellschafft Jesu, so 1641. in Folio heraus gekommen, ausdrücklich saget: daß eure Gesellschafft eine Versammlung der Engel, neuer Apostel und neuer Simsons, auch die Rolle des Heil. Geistes wären.

  Malagrida. Gehet, gehässiger Feind meiner Mitbrüder! gehet hin in euren Winkel, wo ihr euch mit der Erkänntniß euer selbst genug beschäfftigen könnet. Ich werde es als eine Linderung meiner Plagen halten können, wenn eures gleichen weit von mir entfernet bleiben.

  Charnock. Ihr eilet, von mir los zu kommen; und seyd mir doch schuldig, eure Lebens-Geschichte zu erzehlen. Doch ich tröste mich deswegen damit, daß euch die Welt nicht gekannt haben würde, wenn euch nicht die Geschichte von Portugall zum Eckel der ehrbarn Welt vorlegte.

                Malagrida.

Malagrida. Was würde die Welt um einen Charnock wissen, wenn er nicht ein Königs-Mörder gewesen wäre?

Charnock. Nehmet noch, mein Freund! die Lehre an, und lasset euren geistlichen Hochmuth durch einen Layen überreden, daß ihr wenigstens der über uns erzürnten Welt dadurch ein Genügen leistet, daß ihr, wie ich, wünschet, daß die von uns begangene Bosheit in allen Menschen einen Widerwillen errege, und die Geschichte von unsern Thaten ein Mittel werde, daß die Welt darauf denken möge, wie die Sicherheit der Könige und Fürsten, der Nutzen der wahren Gesellschafft Jesu, und die Ehre der Religion in ihrer Reinigkeit befördert werden könne.

Malagrida. Ach! Himmel, was hilft mein Wunsch! Meine Brüder haben Mosen, die Propheten, die Evangelisten und Apostel, laß sie dieselben hören!